LA SERIE DE JAMIE JOHNSON

ESCRITO POR
DAN FREEDMAN

El logotipo de Jamie Johnson es una marca registrada de Nimble Feet Worldwide Limited.

www.nimblefeet.co

IN

NIMBLEFEET
PUBLISHERS

Propiedad intelectual del texto: ©Dan Freedman, 2015

El derecho de Dan Freedman de ser identificado como el autor
de esta obra ha sido otorgado por él.

ISBN 978-1-7384524-8-4

Elementos de la portada: ©iStockphoto/Nikada, ©iStockphoto/svengine
Diseño y formato: Jennifer Ferguson.
Traducido por: Gabriela Lemoine.
Edición y diseño: Accentus Language Services.

10 9 8 7 6 5 4

www.jamiejohnson.soccer

Elogios para la Serie de Jamie Johnson

"Vas a querer salir a jugar apenas leas esto."
STEVEN GERRARD

"Fiel al juego... Dan sabe de futbol."
OWEN HARGREAVES

"Una lectura inspiradora para todos los fanáticos del futbol."
GARY LINEKER

"Jamie podría llegar a la cima."
JERMAIN DEFOE

"De primer nivel. Te hace vivir el juego."
OWEN COYLE

"Me gusta leer sobre futbol
y no hay nada mejor que esto."
JOE HART

"Me devoraba las páginas."
SPORTS ILLUSTRATED KIDS

Acerca de la
Serie de Jamie Johnson

La Serie de Jamie Johnson sigue la vida de un niño que sueña con ser un futbolista profesional famoso. Conocemos a Jamie Johnson en quinto grado, y seguimos todos sus pasos desde la escuela y hasta los mayores escenarios del futbol, la Copa Mundial, y más allá.

Estos bestsellers tienen su origen en Reino Unido, donde vive su autor, Dan Freedman. Dan está feliz de traer esta nueva versión de la Serie de Jamie Johnson a los Estados Unidos, escrita exclusivamente para el público estadounidense, y que comienza aquí, con *Nacido para jugar*. Recuerda que *Nacido para jugar* es solo el comienzo de la historia de Jamie, así que espera el próximo capítulo de la Serie de Jamie Johnson, que saldrá próximamente.

facebook.com/JamieJohnson11
@DanFreedman99

Acerca del autor

DAN FREEDMAN desde niño siempre quiso ser futbolista profesional, pero no pudo. En cambio, se convirtió en uno de los principales periodistas especializados en futbol y entrevistó personalmente a jugadores como Cristiano Ronaldo, Lionel Messi y David Beckham. Usa su pasión y conocimiento del juego para escribir la serie de novelas sobre futbol de Jamie Johnson, que ganaron gran popularidad. Cuando no está escribiendo, Dan da charlas y talleres en escuelas. Habla sobre sus experiencias con el futbol y su carrera como escritor, y transmite un sencillo mensaje a todos los niños: ¡persigue tus metas! Dan sigue jugando al futbol siempre que puede.

www.jamiejohnson.soccer

Nacido para JUGAR

El inicio de una leyenda del futbol

UNA NOVELA DE

DAN FREEDMAN

NIMBLEFEET
PUBLISHERS

Índice

VIERNES

1

La computadora de futbol

Jamie se preparó para patear y prendió la computadora de futbol de su mente.

Apuntó hacia el objetivo, analizando y calculando la distancia, la potencia, la velocidad y el ángulo necesarios al instante.

Entonces, dio un paso hacia delante con confianza y furia, y barrió con el pie el balón, imprimiéndole toda la fuerza dinámica que tenía en el cuerpo.

Vio cómo el balón despegó y salió disparado por el aire como un misil, silbando rápido y fuerte, dirigiéndose directo al objetivo con inexorable precisión.

Jamie sabía que el tiro era bueno. Siempre lo eran. La computadora de futbol de su cerebro era su arma más confiable y devastadora.

Aunque en este momento no estaba apuntando a la portería.

Drake Staunton estaba de pie con el resto de sus amigos al costado del campo de juego. Realmente se creían los dueños de la escuela. Realmente creían que podían amedrentar y despreciar a Jamie solo porque era nuevo, solo porque era estadounidense.

Estaban equivocados. Nunca aceptaría sus burlas. Nunca los dejaría ganar.

Drake Staunton justo estaba echando la cabeza hacia atrás mientras se reía de algún otro chico al que estaba hostigando cuando el tiro de Jamie lo golpeó de lleno en la mejilla. En el acto, giró enojado para ver quién se había atrevido a golpearlo con el balón.

No tuvo que buscar mucho. Jamie Johnson estaba parado ahí, del otro lado del patio, mirándolo fijo.

«Aquí estoy», parecía decir Jamie con la mirada. «De aquí no me muevo.»

Jamie estaba listo por si Drake quería devolvérsela. En cualquier momento, en cualquier lugar.

2

La última oportunidad

—¡Oh, no! —dijo Karen Johnson, la mamá de Jamie, cuando vio la hoja rosada que la esperaba sobre la mesa de la cocina—. ¡Otra vez!

—Se lo merecía —gruñó Jamie—. No le tengo miedo. No le voy a permitir que crea que es mejor que yo.

Karen Johnson sacudió la cabeza y se tomó el mentón con la mano. Estaba pálida.

—Pero, Jamie, esta es la tercera nota del director desde que llegamos. Está perdiendo la paciencia contigo. Mira, mira lo que dice: *Esta es la última advertencia. Si vuelve a haber otro incidente de esta naturaleza, me veré forzado a tomar medidas más severas.*

—"Me veré forzado a tomar medidas más severas" —se mofó Jamie, imitando lo mejor que pudo el acento británico.

—Por Dios —dijo Karen, mirando a su hijo como si no lo reconociera—. ¿De verdad no te importa? ¿Todo esto no significa nada para ti? ¿Qué le pasó al Jamie de antes? ¿Dónde está mi hijo? ¡Lo extraño muchísimo!

Jamie miró a su mamá. Una lágrima se le asomaba por el rabillo del ojo. Se sintió mal, pero solo por un segundo.

—¡Ya no existe! —gritó Jamie y salió de la cocina con un portazo—. Al menos no en este cochino país.

Habían pasado tres meses desde que Karen y Jamie Johnson habían llegado a Inglaterra en un vuelo desde una ciudad pequeña al sur de Maine. Mike Johnson, el abuelo de Jamie, que era inglés, había ido por ellos al aeropuerto, y él y su mamá se mostraban muy contentos, haciendo de cuenta que todo estaba bien, incluso actuando como si haber tenido que mudarse a Inglaterra hubiera sido algo bueno.

Pero Jamie no sonreía. ¿Qué motivos tenía para hacerlo? Su papá estaba preso. Jamie no estaba al tanto de todos los detalles, pero sabía que tenía que ver con haber usado su trabajo en el banco para tomar dinero ajeno. Su mamá no pudo enfrentar la vergüenza de que les quitaran la casa y todas sus posesiones, además de que todos en el barrio dijeran cosas sobre su papá. Así que tomó la decisión de volver a Inglaterra, que era *su* país, y vivir cerca de su papá para que la ayudara y para comenzar una nueva vida.

Y sanseacabó. Sin discusión. Sin explicaciones. Sin chance de que Jamie dijera nada. Esperaban que simplemente se lo aguantara.

—Inglaterra te va a encantar —prometió su mamá, tratando de que sonara como una buena noticia, como si fuera una gran aventura—. Todos van a querer ser amigos tuyos porque eres estadounidense.

Jamie no le creía ni una palabra.

—Yo me quedo —había dicho—. Tú eres la británica, no yo. Yo soy estadounidense. Y este es mi país. Este es mi hogar. ¿Por qué tengo que pagar yo por lo que hizo mi papá? Tú solo tienes miedo de lo que todas las otras mamás dirán sobre ti. ¡Estás huyendo! Reconócelo. ¡Vete tú! —saltó—. Yo me quedo.

Por supuesto que no podía. Tenía diez años. No podía decidir eso, así que al final se tuvo que ir con su mamá.

Hasta se tuvo que cambiar de apellido de Reynolds a Johnson para que él y su mamá tuvieran el mismo apellido. Después de lo que había hecho su papá, su mamá quería borrar todas las huellas de él en sus vidas, incluyendo el apellido.

Así que Karen y Jamie Johnson llegaron a Inglaterra esa noche fría y oscura de noviembre, hacía tres meses. Y desde que se bajó del avión, Jamie no había vuelto a sonreír.

Valentón

Jamie recorrió chapoteando sin ganas el sendero que llevaba a la Escuela Primaria Wheatlands, mientras sentía que el hielo a medio derretir le inundaba los viejos zapatos a cada paso.

Hasta el clima aquí desanimaba. En casa, cuando nevaba, nevaba en serio. A veces abrían la puerta y se encontraban con la entrada bloqueada por 20 pulgadas de nieve y todos se tenían que quedar en casa varios días.

Aquí, nevaba un poquito, después llovía mucho, y al final lo que quedaba era esa aguanieve gris y sucia que se le metía a Jamie por toda la ropa.

Gris y sucia. Así le parecía a Jamie esta escuela nueva. Todo era pequeño, viejo y aburrido. Hasta el patio donde jugaban al futbol en el recreo era estrecho y estaba como encerrado dentro de las instalaciones de la escuela sin mucho espacio para correr.

En casa, había luz y mucho lugar. Cuando Jamie pensaba en la escuela, recordaba a todos los niños sonriendo y corriendo libres. Aquí en la Escuela Primaria Wheatlands —hasta el nombre era raro— Jamie se sentía acorralado. Atrapado.

Entró a la escuela por la puerta principal y miró el tablón de los anuncios. Había un cartel sobre un partido la semana siguiente.

Jamie se le quedó mirando fijamente.

Este es el equipo de los niños para el partido contra Stonecroft del lunes. ¡Es el partido más importante del año! El autobús parte a las 12:45 p. m., y el partido empieza a la 1:30 p. m.

¡Buen fin de semana!
Sr. Karenza

1. Bernard Thompson
2. Eric Yerets
3. Mo Salek
4. Harry Shipwright
5. Drake Staunton (capitán)
6. David Shultz
7. Dexter Talbot
8. Aaron Cody
9. Kane Talbot
10. Eddie Foreman
11. Jamie Johnson

Reserva: Tyler Forbes

—¿Sabías que eres un idiota?

Jamie miró hacia su izquierda. Era Alex Crawford, una compañera de clase. Era la única niña de toda la escuela que le hablaba como si fuera un chico normal.

Cuando llegó, la mitad de la escuela lo trataba como si fuera una celebridad. Muchos chicos no podían creer que un niño estadounidense de verdad iba a su escuela e insistían en hacerle un montón de preguntas, las más tontas que había oído en su vida.

—¿Todos en Estados Unidos comen salchichas?

—Si a las papas fritas les dicen patatas, ¿cómo les dicen a las patatas fritas?

—¿Conoces a Beyonce?

—¿Cuánto tiempo lleva cruzar Estados Unidos caminando?

Un niño que se llamaba Hugo Bogson, el más ñoño de toda la escuela, hasta se las había arreglado para convencerse de que Jamie tenía algo que ver con la CIA.

—Yo sé por qué estás aquí —le dijo a Jamie en el recreo una vez, tocándose el costado de la nariz, un gesto inglés para decir que ambos comparten algún tipo de secreto conspiratorio—. Te manda la CIA, ¿no? Vienes a derrocar al primer ministro, ¿no? No te preocupes, no le voy a decir a nadie. A decir verdad, a mí tampoco me gusta mucho el primer ministro.

Entretanto, el resto de los chicos, como Drake y sus matones, parecían tener algo en contra de Jamie solo porque era de Estados Unidos. No perdían oportunidad de burlarse imitando su acento. Le decían que se fuera a casa, que aquí no lo querían. Y lo incitaban a pelear, razón por la que Jamie vivía metiéndose en problemas. Pasaba más tiempo en la oficina del director, el Sr. Karenza, que cualquier otro niño. Pero no le importaba. No se iba a dejar intimidar por bravucones. Eso jamás.

Sin embargo, Alex Crawford era la única persona que parecía aceptar de verdad a Jamie. Nunca lo había hecho sentir fuera de lugar.

—¿Así que soy un idiota? —le respondió Jamie—. ¿Y por qué?

—Porque si te sigues metiendo en problemas, te van a prohibir jugar al futbol y te vas a perder esto —replicó mientras señalaba los detalles del partido contra Stonecroft. Alex era la capitana del equipo de las niñas. Su formación estaba publicada junto a la del equipo de los niños.

—Los partidos contra Stonecroft son los más importantes para nosotros. ¡No tienes idea de lo que significaría que nuestra escuela ganara! Si juegas como sabes hacerlo y marcas el gol ganador, eso cambiará todo, créeme. Serás el chico más popular de toda la escuela. Ya sé que no es fácil para ti, pero... ¡NO TE METAS EN PROBLEMAS!

Él la miró y sacudió la cabeza.

—¿Quién dice que quiero ser popular en esta escuela? —bufó Jamie—. ¿Quién dice que me importa ganarle a Stonecroft?

Alex le clavó los ojos y luego empezó a reír.

—A los otros chicos tal vez los engañes haciéndote el valentón, Jamie Johnson, pero a mí no.

Niño en problemas

Era viernes por la tarde, la tortura semanal de la escuela por fin terminaba, y Jamie estaba a punto de irse a su casa cuando escuchó un grito agudo.

Pensó que una niña se había golpeado, pero cuando miró para ese lado del patio, vio que el grito había sido proferido por Hugo Bogson.

—¡No! ¡Por favor! —gemía Hugo.

Drake Staunton y Tyler Forbes, los dos acosadores de la escuela, estaban encima de Hugo. No era nada nuevo. Probablemente Hugo era el único niño al que molestaban más que a Jamie. Lo que tenían en contra de Jamie era que era nuevo y distinto, y que había tomado el lugar de Tyler en el equipo de futbol. Lo que tenían en contra de Hugo era que era raro, nada más.

Con su espeso pelo negro rizado y sus enormes anteojos morados, Hugo se comportaba y hablaba como si fuera un profesor de ciencias de diez años. Hasta decía que estaba construyendo una máquina del tiempo en su casa. Era realmente un chico muy raro, aunque eso no les daba derecho a Drake y Tyler para fastidiarlo así. Tyler lo estaba sosteniendo del cuello cerca del piso, mientras Drake parecía estar poniéndole algo en el pelo. Hugo se quejaba como si le doliera mucho.

—¡Por favor, no! ¡Hoy tengo ballet! —gritaba aterrorizado, pero era demasiado tarde. Drake ya le estaba embadurnando el pelo con miel de arce.

—¡Ay! —se lamentó Hugo. Le habían quitado los lentes y no veía prácticamente nada sin ellos—. Ay, no... ¿qué me hicieron?

La miel rezumaba y se le deslizaba por la mejilla y ahora sus dos agresores se estaban muriendo de la risa. Hoy habían servido panqueques en la escuela y estos dos zorros obviamente se habían robado las sobras de la cafetería.

—¡Y esa era solo la entrada, nerdo! —se burló Drake y sacó una caja entera de huevos de su mochila—. ¡Ahora viene el plato principal!

—¡No, no lo hagas! ¡Por favor! —rogó Hugo, pero Drake abrió la caja mientras Tyler, muerto de risa, sostenía a su víctima contra el suelo—. Mis padres me van a llevar al museo de ciencias después del ballet y no me van a dejar entrar así... Los huevos se van a mezclar con la miel y se van a coagular y...

—¡Cállate ya! —bramó Drake, apuntando a la cabeza de Hugo con dos huevos.

—¡Déjenlo en paz! —gritó Jamie, que apareció de repente—. Déjenlo en paz ya.

Para Jamie, él era de Estados Unidos y Hugo... pues, Hugo era de otra galaxia. Lo importante era que los dos no encajaban. Tenían eso en común.

—Uy, sí, el chico yanqui... —ladró Drake—. ¿O qué? ¿Qué vas a hacer?

—Te voy a hacer lamentar el haberle puesto un dedo encima —replicó Jamie.

Pero Drake Staunton soltó la risa más malvada que pudo y luego empezó a acercar la mano con los huevos hacia la cabeza indefensa de Hugo.

—¡¡¡No!!! —Hugo gimió, pero justo antes de que los huevos hicieran impacto, Jamie atravesó el patio como un rayo, le agarró la mano a Drake y le dobló el brazo por detrás de la espalda, sosteniéndolo por la muñeca. Era uno de los movimientos de karate que había aprendido en su dojo, donde practicaba artes marciales después de clases en Estados Unidos.

Tyler soltó de inmediato a Hugo y corrió hacia Jamie, pero Jamie lo hizo tropezar y caer, y luego se le sentó sobre la espalda de manera que Tyler no se podía levantar. Entonces, todavía sentado sobre Tyler, le estrujó más la muñeca a Drake, doblándole el brazo aún más detrás de la espalda.

—A ver —dijo Jamie—, ¿le vas a pedir perdón a Hugo?

Drake sacudió la cabeza de lado a lado. Jamie le apretó el brazo aún más.

—¡Ahhh! —chilló Drake, soltando los huevos—. ¡Suéltame!

—No hasta que le pidas perdón a Hugo. Ahora tal vez no pueda ir a ballet por tu culpa, ¿sabes?

—Per... perdóoon —lloriqueó Drake mientras Jamie le doblaba más todavía el brazo, que ya estaba en una posición muy dolorosa.

—Bueno —dijo Jamie, soltándole el brazo a Drake y levantándose de la espalda de Tyler—. Eso era todo lo que tenías que decir.

Drake y Tyler miraron a Jamie como si fuera extraterrestre y se escabulleron hacia la calle.

—Toma —le dijo Jamie a Hugo, devolviéndole los lentes.

—Ay, gracias —contestó Hugo animadamente—. Prácticamente me salvó la vida, agente Johnson.

—¡Nos las pagarás, fenómeno yanqui! —vociferó Drake una vez que él y Tyler estuvieron lo suficientemente lejos de Jamie para que no pudiera correr tras ellos.

—¡Cuando quieran! —contestó Jamie gritando, mientras se agachaba para tomar un huevo y lo aventaba en esa dirección.

Le erró por poco y el huevo se estrelló contra una ventana, pero eso no importaba. Jamie se había salido con la suya. Esos tontos no volverían a molestar a Hugo por un tiempo.

SÁBADO

5

Las cosas como son

—El abuelo Mike va a llegar en un minuto. ¿Estás listo? —la mamá llamaba a Jamie desde las escaleras—. ¡Y ponte el abrigo más grueso! ¡Está lloviendo!

—¡Bueno! —refunfuñó Jamie desde arriba. Si tuviera un dólar por cada vez que su mamá le decía que se pusiera el abrigo porque llovía desde que habían llegado...

—Diviértanse —les dijo la mamá mientras Jamie salía con su abuelo—. Y, papá, no se vayan a comer pescado con papas fritas a escondidas a la vuelta, quiero que él después cene bien.

El abuelo de Jamie, Mike, le venía prometiendo hacía dos meses que lo iba a llevar a ver un partido de la Premier League, pero las entradas siempre parecían estar agotadas. Hoy por fin tenían entradas para ver a su equipo más local, Hawkstone United, y Jamie se daba cuenta de que su mamá esperaba que él y su abuelo pudieran empezar a entablar una buena relación aprovechando la oportunidad.

—Todavía no se llevan muy bien —había escuchado decir a su mamá por teléfono cuando hablaba con una amiga en Estados Unidos—. Pero sé que necesita tener un modelo masculino.

El problema era que Jamie no conocía muy bien a su abuelo. Por supuesto que los había visitado en Estados Unidos un par de veces cuando Jamie era chiquito y era el que le había regalado su primer balón de futbol, pero la verdad era que nunca habían pasado mucho tiempo juntos.

Y aun así, ahora que Jamie y su mamá vivían en Inglaterra, ella esperaba que él de golpe pensara que este tipo era el mejor del mundo. Las cosas no eran así. Pensándolo bien, todo lo que Jamie sabía de su abuelo era que cuando era adolescente, había sido futbolista profesional de Hawkstone. Pero después se había desgarrado el ligamento cruzado de la rodilla cuando tenía 17 años, lo que le producía un dolor agonizante.

Y, para colmo, estaba tan desesperado por volver a jugar que se había apresurado a volver a la cancha sin estar bien recuperado de la rodilla, y terminó lesionándose aún más. Por todo esto tuvo que retirarse del futbol profesional a los 19 años. Su carrera había terminado antes de empezar. Ahora era taxista.

—¿Cómo te va en la escuela? —le preguntó su abuelo mientras caminaban hacia el estadio.

—Bien —ensayó Jamie como respuesta.

—¿No tienes anécdotas para contar?

—No —respondió Jamie.

Siguieron caminando en silencio. Jamie podía ver que su abuelo ponía empeño para que se le ocurriera un buen tema de conversación.

—Tu mamá me dijo que la semana que viene jugarán contra Stonecroft —dijo el abuelo entusiasmado—. Sabes lo mucho que significa para tu escuela ganarles, ¿verdad? Si les puedes ganar, será muy importan...

—¡Ya sé! —lo cortó Jamie—. Ya entendí.

El abuelo se detuvo y miró a Jamie a los ojos. Luego puso las manos sobre los hombros de su nieto.

—Esto no está funcionando, ¿verdad? —dijo—. Desde que llegaron... aquí estoy yo tratando de mostrarme alegre y jovial y ahí estás tú comportándote como... bueno, como un niño que se acaba de mudar a otro país, a otro continente.

—No me importa —dijo Jamie, evitando devolverle la mirada—. Me da igual.

—Bueno —dijo el abuelo—, yo sé que antes vivías en una hermosa casa, una casa grande, con piscina, tenías a tus amigos, tenías todo lo que querías... y luego un día, de golpe, todo terminó, y tuviste que irte y abandonar todo lo que conocías.

Jamie escrutaba un punto fijo en el suelo.

—¿Qué tal si tú y yo hacemos las cosas de otro modo desde ahora? —sugirió el abuelo—. Yo creo que si me llamaras Mike en vez de abuelo sería mejor. Me gustaría ser tu amigo si me dejas. Y a cambio, te prometo que en vez de fingir que todo está perfecto, tú y yo nos diremos las cosas como son. ¿Amigos? —ofreció Mike, extendiendo la mano.

Jamie lo miró. No estaba seguro. No podía darse el lujo de aceptar personas en su vida si después lo iban a desilusionar. Pero al menos su abuelo, Mike, estaba siendo sincero, o trataba de serlo. Con eso se ganó el respeto de Jamie.

Estrechó la mano que le ofrecía Mike.

Un juego tribal

—Por aquí —dijo Mike, haciendo pasar a Jamie delante de él mientras hacían fila para entrar al estadio por los torniquetes.

A Jamie le agradaba que su abuelo lo protegiera. Había muchísima gente y se sentía la tensión en el ambiente. Había una sensación de agresividad y peligro por todos lados. No era lo que Jamie esperaba. Para nada.

En Estados Unidos, cuando Jamie iba a los partidos de la MLS, es decir, la Major League Soccer, la atmósfera era como de fiesta. Con su papá, sus amigos de la escuela, los hermanos y parientes iban todos juntos a los partidos en un gran grupo.

Llegaban al estadio dos o tres horas antes del partido para seguir todo de cerca, jugar un poco al futbol, practicar, hacer carne asada y hasta conocer amigos nuevos. Pasaban un día espectacular incluso antes del partido. Ese era uno de los aspectos más especiales de los partidos de futbol en Estados Unidos: todos se mezclaban y la pasaban bien.

Pero al entrar a este estadio inglés hoy, Jamie notó que había una onda distinta. Se sentía como si ese partido fuera lo único que importaba en todo el mundo en ese momento.

—El futbol es diferente aquí si lo comparas con otros países —explicó Mike, en respuesta al desconcierto de Jamie mientras buscaban sus asientos—. Un famoso entrenador escocés una vez dijo que el futbol aquí no es un asunto de vida o muerte: es mucho, pero mucho más importante.

—Claro —sonrió Jamie, mirando a su alrededor—. ¿Quiénes son ellos? —preguntó, señalando a varios miles de aficionados en el otro extremo del estadio.

Estaban todos saltando y cantando como locos. Algunos hasta tenían el torso desnudo a pesar de que estaba helando.

—Son los fanes visitantes —explicó Mike—. Vienen a alentar al otro equipo. Los siguen por todo el mundo. La mejor manera que se me ocurre de describirlo es que los fanes de los distintos equipos son como tribus. Naces en una y es parte de ti. Esa es tu tribu para toda la vida. El futbol empezó aquí en el siglo XIX. Ha sido así por mucho tiempo.

Jamie sacudió la cabeza. Así que este era el futbol inglés. Futbol, no *soccer*, como le decían en Estados Unidos. Miles de fanes obsesionados gritando y alentando a su tribu, con toda la pasión y el fragor de una batalla.

Miró a los jugadores, cual gladiadores en la cancha. Sintió cómo un escalofrío de expectativa inundó el estadio.

Sí, se podría acostumbrar a esto.

7

En la sangre

—¿De verdad jugaste en esta cancha? —le preguntó Jamie a Mike, empezando a ver a su abuelo de una manera totalmente distinta. Él había estado en ese campo de batalla. Había sido uno de los guerreros, uno de los líderes de la tribu.

Mike asintió.

—Jugué 54 partidos para los Hawks —dijo—. Hubiera jugado mil más si el cuerpo me hubiera dejado. Incluso ahora, cuando veo un partido, en la mente siento que podría jugar. Todavía siento que tengo el entendimiento de dónde debería estar la pelota y cómo debería ser la jugada. Lo veo con total claridad. ¿Tiene sentido?

—Sí, claro —dijo Jamie, reconociendo que esa descripción se parecía mucho a la computadora de futbol que él tenía en la cabeza—. Entonces, ¿cómo era? —preguntó—. ¿Qué se siente estar ahí de verdad?

—Fueron los momentos más electrizantes de mi vida —contestó Mike—. Daría cualquier cosa por volver a estar ahí, por volver a sentir eso. ¿Te imaginas cómo es, Jamie? Esa corriente de energía, esa pasión pura. Ese momento de éxtasis cuando anotas un gol y 40 000 fanáticos corean tu nombre. La verdad, nada se le compara en el mundo. No hay nada como eso.

Jamie asintió. Estaba empezando a entender.

Miró hacia la cancha. El capitán júnior estaba preparándose para patear hacia la portería y, mientras el presentador del estadio anunciaba su nombre, los aficionados de Hawkstone le dedicaron al niño un cálido aplauso.

Jamie se empezó a imaginar cómo sería si él mismo estuviera en la cancha, con la hinchada alentándolo a *él*, coreando *su* nombre. Lograba entender por qué Mike decía que no se podía comparar con nada en el mundo.

—¿Y quién toma todas las decisiones? ¿Quién es el dueño de todo esto? —preguntó Jamie, absorbiendo toda la intensidad de ese majestuoso estadio.

Mike buscó en el bolsillo interior del abrigo y sacó el programa que habían comprado cerca de la entrada.

—Este hombre —dijo, señalando un artículo.

Buenas tardes:

Bienvenidos al Estadio Cast Creek, el mundialmente reconocido hogar de Hawkstone United, el "nido" al que nuestros fabulosos aficionados asisten con orgullo.

Este es el comienzo de una época de mucha actividad para el club. Volveremos a congregarnos aquí el martes para nuestro gran partido de la Copa de la FA contra Foxborough, y tengo el placer de comunicarles que las entradas ya están agotadas.

Con su sensacional apoyo, más nuestros planes de comprar a algunos de los mejores jugadores del mundo, creo que este club puede alcanzar todo su potencial.

Y como siempre digo, yo podré ser el dueño, pero este será por siempre su Club.

Alcemos las voces y los corazones hoy por nuestros increíbles jugadores.

TONY WALSH
Propietario, Hawkstone United

La concentración de Jamie se vio interrumpida por el penetrante silbatazo del árbitro que llamaba a los capitanes de ambos bandos.

—¿Y ese quién es? —preguntó Jamie, señalando a uno de los jugadores que parecía una mole.

—Ah —dijo Mike—, ese es Diego Medina, nuestro nuevo capitán. Qué hombre. ¿Sabes de dónde es?

Jamie sacudió la cabeza.

—Es de Estados Unidos —respondió Mike con una sonrisa—. Es una historia increíble. Jugaba en la universidad con muy buen nivel y, al graduarse, decidió probar suerte como profesional aquí en Inglaterra. Viajó por todo el país e intentó presentarse a pruebas en todos los clubes que pudo. Ninguno tuvo interés. Nosotros fuimos el único club que lo vio y, al final, resultó ser el jugador más valiente y dedicado que hemos tenido. Es todo un héroe.

—¡Un héroe de clase internacional! —dijo Jamie.

Había estado escuchando con gran atención cada palabra que le decía Mike. Ahora, mientras los aficionados de Hawkstone entonaban el canto *"¡Uuun Diego Medina! ¡Hay solo uuun Diego Medina!"* una y otra vez, el abuelo explicó que este canto estaba reservado solo para los jugadores más respetados del equipo.

Mientras veía a Diego Medina prepararse para hacer el saque inicial para Hawkstone United en la Premier League, Jamie pensaba en su computadora de futbol. Se puso a pensar que siempre había podido hacer lo que quería con una pelota de futbol. Y se acordó de que, cuando corría con el balón y encendía su velocidad turbo, nadie lo podía igualar. Nadie lo podía tocar.

Había nacido con este talento. Llevaba el futbol en la sangre y no tenía que buscar mucho para darse cuenta de dónde venía.

—¿Sabes qué, Mike? —dijo—. En Estados Unidos, cuando veían lo rápido que era y lo que podía hacer con el balón, todos decían que cuando creciera, debería jugar para la NFL. Y mi entrenador de atletismo de la escuela siempre me decía que me debería concentrar en correr, para llegar a las Olimpiadas. Sentía como si siempre me estuvieran tratando de convencer de que no jugara al futbol.

—Eso aquí no sucedería —contestó Mike riendo—. Aquí el futbol es lo máximo. Y si tienes talento para el futbol, juegas. Y se acabó.

Jamie asintió. Mientras miraba fascinado ese estadio mágico a su alrededor, empezó a esbozar mentalmente lo que podría convertirse en un gran plan.

—¿Cómo logras entrar en un club profesional aquí? —preguntó Jamie.

—¡Haces fila detrás de todos los niños del país! —respondió Mike.

—No, en serio —Jamie insistió—. ¿Qué tiene que hacer un chico como yo para jugar para un club como Hawkstone United?

Mike miró a Jamie a los ojos. Vio que su nieto lo decía muy en serio.

—¿Te das cuenta de lo que me estás preguntando? —respondió Mike—. ¿Te das cuenta de que Hawkstone juega en la Premier League? ¿Sabes lo largo y difícil que es el camino para cualquier jugador hasta llegar a la Premier League? Es el equivalente futbolístico a escalar el monte Everest.

—Entiendo —dijo Jamie—, pero *tú* lo hiciste, así que puedes decirme cómo se hace. ¿Por dónde empiezo? ¿Adónde voy?

Mike inclinó la cabeza. Era casi como si, de alguna manera, hubiera esperado toda la vida a que alguien le hiciera esta pregunta.

—Empiezas este viaje como cualquier otro —dijo Mike—, con el primer paso. Empieza en el equipo de tu escuela. Gana los partidos, inspira a tus compañeros, muestra tu verdadera destreza y trabaja arduo y con dedicación para mejorar todos los días y alcanzar tu sueño: escalar esa montaña.

—¿Y cómo es con los clubes? —preguntó Jamie—. ¿Cuándo estaré listo para jugar en un club?

—Créeme —dijo Mike sonriendo—, estos clubes conocen a todos los niños del país. A eso se dedican. Si eres lo suficientemente bueno, cuando estés listo, *ellos* te van a buscar a *ti*...

DOMINGO

8

Fuera de lo común

Jamie encendió la computadora y abrió su correo electrónico. Tuvo que usar la de su mamá porque tenían una sola computadora portátil en esta casa y la tenían que compartir.

En casa, o mejor dicho, en *Estados Unidos* —Jamie sabía que tenía que dejar de pensar en Estados Unidos como su hogar—, su papá y él habían armado un salón de juegos en el sótano, y tenían una mesa de billar y un televisor gigante para navegar por Internet y ver películas, así como algunas maquinitas de videojuegos, que a sus amigos les encantaban cuando iban a visitarlo.

Aquí era distinto. Aquí estaba solo con su mamá, y sus dormitorios estaban tan juntos que a veces la oía llorar de noche.

Todavía no había invitado a nadie de la nueva escuela a su casa, le habría dado mucha vergüenza. ¿Dónde se iban a sentar? En su habitación apenas había espacio suficiente para él, no cabía nadie más. Y de todos modos, ¿a quién invitaría? ¿A Hugo Bogson, el chico raro y excéntrico que era una mezcla entre Harry Potter y un profesor loco de ciencias?

Tal vez a la única persona a la que invitaría sería Alex Crawford. Todavía no habían hablado mucho, pero por alguna razón eso no parecía importar. Se entendían. Y además, a Jamie le gustaba la manera en que ella le decía idiota con esa sonrisita traviesa.

Revisó sus mensajes y vio algunos videos virales que sus amigos de allá le habían enviado. Había uno de una cabra húngara andando en patineta que lo hizo reír mucho; sin embargo, todo este rato su mente no se pudo despegar del futbol.

Jamie miró los puntajes y artículos más recientes de la MLS y sacudió la cabeza: los partidos que se estaba perdiendo sonaban increíbles, y cada vez más jugadores juveniles estaban teniendo oportunidades.

Beckham y Henry, dos leyendas absolutas, habían jugado en la MLS, y otros los habían seguido, como Kaká, Rooney, Zlatan y Pirlo. Pero ahora todos hablaban de la nueva generación. Deseaba poder estar ahí para verlos jugar. «¡*Típico!*» pensó Jamie. «¡*Yo me voy de Estados Unidos y entra todo un grupo de jugadores juveniles nuevos!*»

Cerró los ojos e imaginó tener la carrera futbolística de sus sueños. Ganaría todos los trofeos que los clubes pudieran ofrecer y luego, un día, jugaría la Copa Mundial con la selección estadounidense. Sería el nuevo futbolista estrella, y todos los chicos en Estados Unidos se entusiasmarían al verlo jugar. Esa era su meta. Esa era la montaña que tenía que escalar.

Mike le había dicho que si de verdad lo quería, el primer paso para escalar esa montaña eran los partidos de la escuela. Jamie pensó en el gran partido que jugaría contra Stonecroft al día siguiente. Iba a jugar en extremo izquierdo. Era su posición favorita. Desde ahí podía dañar a cualquier oponente. Podía vencer a sus rivales con regates o recortar por el centro y anotar él mismo. Pero si de verdad quería llamar la atención de los clubes de la Premier League, tenía que hacer algo más que marcar un gol común. Tendría que crear algo especial. Algo fuera de lo común.

Jamie abrió otra pestaña en su navegador y escribió "gol de chilena".

Aparecieron montones de videos, con todo tipo de jugadores anotando los goles de chilena más espectaculares. Ronaldo, Messi, Maradona, Pelé, Neymar... todos. Pero el mejor video era de un jugador llamado Marco van Basten, que allá por 1986 jugaba para el equipo holandés Ajax. Estaban jugando contra el Den Bosch, otro equipo holandés. La forma en que ese hombre pateó el gol, golpeando ferozmente el balón mientras estaba prácticamente acostado en el aire, curvándolo y haciéndolo entrar en la esquina superior, lo hizo alucinar.

Sacudió la cabeza y se permitió imaginarse emulando la hazaña de van Basten en el juego contra Stonecroft.

Una y otra vez volvió a ver las imágenes en su mente, se vio patear la pelota igual que van Basten y meterla en la esquina superior de la portería de Stonecroft.

Iba a ser increíblemente difícil de lograr. Pero no imposible. No para Jamie. En la escuela, niños como Hugo Bogson hacían alarde de tener memoria fotográfica, de que podían mirar una página de un libro una sola vez y recordar cada palabra sin equivocarse.

Jamie no tenía memoria fotográfica, sino memoria futbol-gráfica. Le mostraban una sola vez cómo hacer una maniobra y eso era todo lo que necesitaba, él la aprendía.

Jamie cambió su búsqueda a "cómo hacer un gol de chilena". De inmediato aparecieron varios videos. Eligió uno de un chico alemán que parecía saber lo que hacía y explicaba cómo perfeccionar el arte.

—*Solo te tienes que relajar* —decía el niño mirando a la cámara mientras picaba una pelota. —*La clave es sincronizar...*

Luego el niño pasó a mostrar varias patadas de chilena perfectas, explicando a la cámara lo que estaba haciendo en todo momento.

—Cuando el balón se va acercando, dejas la pierna con que vas a patear en el suelo y das un salto, guiando con la otra pierna —decía—.

»No le quites la mirada al balón hasta que des la patada.

»Le tienes que pegar con el empeine... ¡sin despegarle los ojos!

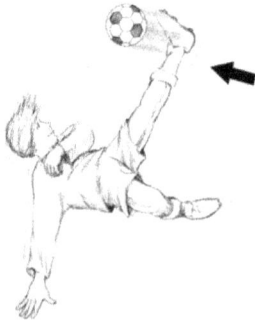

»*Después de la patada, amortigua la caída con los brazos. ¡Así te puedes levantar rápido para festejar el gol!*

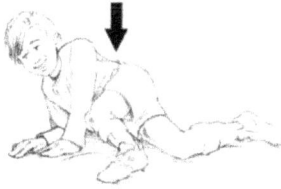

Jamie vio el video cinco veces para asegurarse de tener todo en la cabeza. Después apagó la computadora, se acostó y apagó la luz.

Faltaban exactamente 15 horas para el partido contra Stonecroft. Y tenía que aprovecharlo para enviar un único mensaje a los clubes de la Premier League: *¡VENGAN A BUSCARME!*

LUNES

9

El dinero no lo compra todo

Jamie entró corriendo a la escuela.

Después caminó hasta el auditorio para la charla motivacional, se sentó junto a Alex Crawford cruzando las piernas y puso atención.

Ahora tenía un propósito. Tenía una gran motivación para jugar.

—Quisiera decir unas palabras sobre los partidos contra Stonecroft esta tarde —dijo el Sr. Karenza, tocando el tema que mantenía ocupada la mente de Jamie—. Todos aquí saben que estos partidos son muy importantes para la escuela, para nuestro orgullo y nuestra identidad local. Pero también les quiero recordar que cuando estén ahí, estarán representando a la escuela.

»Vamos a enviar a dos equipos, las niñas, con su capitana Alex Crawford, y los niños, con su capitán Drake

Staunton. Cada uno de ustedes no solo jugará en el equipo, sino que también serán embajadores de la escuela. Es cierto, estamos desesperados por ganar, pero también les debemos respeto a nuestros rivales y a nosotros mismos.

»Stonecroft obviamente es una escuela muy... distinta de la nuestra. Estarán a poca distancia de aquí pero en algunos aspectos son de otro mundo. Su riqueza les da opciones distintas, perspectivas distintas... pero no son mejores *personas* que nosotros. Es fundamental que recuerden eso.

»Porque el dinero no lo compra todo, y una cosa que no se puede comprar es tener clase. Quiero que esta tarde todos los alumnos de Wheatlands muestren *su* clase. Dentro y fuera de la cancha. Hágannos sentir orgullosos.

Jamie y Alex se miraron y sonrieron.

Jamie sentía que este era su primer paso en el camino hacia la cima.

—Bien —dijo el Sr. Karenza—. Se pueden ir todos... menos Jamie Johnson. Quiero verte en la dirección. Ahora.

10

De locos

—Supongo que ya sabes por qué estás aquí —dijo el Sr. Karenza con tono serio.

Jamie negó con la cabeza. No tenía idea. Obviamente pasaba algo, pero no sabía qué.

—Sería mucho mejor si lo reconocieras —dijo el director.

—¡Es que no hice nada! —respondió Jamie, empezando a enojarse.

—¿Me estás diciendo que no estrellaste un huevo contra la ventana de la sala de maestros el viernes por la tarde?

—Ah... —dijo Jamie y de golpe lo entendió—. Sí, bueno... no fue culpa mía, estaba intentando impedir que...

—Nunca es tu culpa, ¿cierto, Jamie? —dijo el director, golpeteando el bloc con la punta del bolígrafo—. Y tampoco aprendes, ¿verdad? ¿Qué crees que quería decir la semana pasada cuando te dije que te lo advertía por última vez?

El Sr. Karenza se iba poniendo cada vez más colorado al hablar a medida que se iba acordando de las fechorías de Jamie, que aún tenía frescas en la memoria.

—He llegado al límite contigo, Jamie. Suficiente. Esta tarde voy a llevar a dos de nuestros equipos a jugar contra Stonecroft, que es la escuela más prestigiosa de toda la ciudad. Es una gran oportunidad para esos niños. Y una gran responsabilidad también. Habrá mucha gente viéndolos y estarán esperando que causemos problemas porque somos la escuela del barrio "pobre". Pues, eso no sucederá. No voy a permitir que salga mal. Y no voy a permitir que *una* sola persona haga quedar mal a toda la escuela. Esta tarde, no vas a estar representando a nuestra escuela. No vendrás con nosotros.

—¡¿Qué?! —exclamó Jamie en estado de pánico—. ¡No puede ser! ¡Nada de eso fue mi culpa!

El director no podía sacarlo del equipo. No hoy. Jugar hoy lo era todo.

—Entonces el huevo se aventó solo, ¿eh? —contestó con sarcasmo el director—. La decisión está tomada. Y no voy a cambiar de opinión. Por ninguna circunstancia.

—¡Esto es de locos! —gritó Jamie, volteando la silla al ponerse de pie.

—Pues ve acostumbrándote —respondió el director—. Tyler Forbes tomará tu lugar hoy y no representarás a esta escuela durante mucho, mucho tiempo.

Demasiado valeroso

—¡Odio esa escuela, odio este país, odio a mi mamá por hacerme venir aquí y odio a mi papá por arruinarme la vida! —gritó Jamie.

Mike había dicho que iban a decirse las cosas como son y eso estaba haciendo Jamie.

Había salido de la dirección a las patadas y no vio a Alex y Hugo, que lo habían estado esperando en el pasillo para ver qué había pasado. Salió hecho una furia al patio y saltó la cerca.

Se había escapado de la escuela y no tenía intenciones de volver. No estaba muy seguro de adónde ir, pero las piernas lo habían traído aquí, a la casa de Mike, y Jamie golpeó la puerta hasta que le abrieron.

Desde ese momento, Jamie había estado descargando su enojo mientras Mike lo observaba y escuchaba.

—¡Ni siquiera sé qué estoy haciendo en este país! —continuó Jamie. Su voz sonaba cada vez más tensa—. Nadie me preguntó siquiera. Nadie me preguntó qué es lo que *yo* quería... pues yo quiero... Yo quiero...

Mike asintió y se acercó para abrazar a su nieto.

Jamie le pegó en el pecho y gritó:

—¡Quiero que me devuelvan mi vida! ¡Quiero ir a casa!

Y después hizo algo que no se había permitido hacer en meses: se echó a llorar.

* * * *

Mike dejó a Jamie recostado en la cama una media hora y luego volvió a entrar para decirle que acababa de tener una larga conversación con el director. El Sr. Karenza le había prometido que si Jamie volvía rápido a la escuela, no estaría en problemas.

Jamie pensó «ni loco», pero Mike insistió en que cuanto más se ausentara, peor sería.

Al final, Jamie aceptó. Estaba agotado. No quería pelear más. Llegaron a la puerta de la escuela en el taxi de Mike y se quedaron ahí sentados un par de minutos, con el motor encendido.

Jamie solo se había ausentado un par de horas, pero parecía mucho más. Había llorado, llorado de verdad, mientras Mike lo abrazaba.

Mike le había dicho que no se preocupara, que se desahogara. Dijo que Jamie era valiente, pero que ser demasiado valeroso le jugaba en contra. Le dijo que la gente no debería esperar que la mudanza a otro país no lo afectara. A cualquiera le sería difícil, y más a un niño de diez años.

—Está bien estar enojado, asustado y extrañar —dijo Mike—. Todos esos sentimientos son reales y los respeto. Solo quiero que sepas algo: siempre estaré de tu lado.

Jamie miró a Mike con incredulidad y se desabrochó el cinturón de seguridad.

—Estarás bien, Jamie —continuó Mike—. Te lo prometo.

Mike Johnson observó a su nieto bajar del coche y avanzar lentamente por el sendero hasta la entrada de la escuela. Trató de ponerse en el lugar de Jamie. ¿Cómo habría reaccionado *él* si hubiera perdido a su papá y su vida en una fracción de segundo? Mike sacudió la cabeza. El chico solo tenía diez años.

12

Precipitado

El Sr. Karenza estaba parado junto a la puerta de la escuela. Con una sonrisa, la abrió para que Jamie entrara.

—¿Cómo estás? —le preguntó.

—Bien —dijo Jamie.

—Bueno —dijo el director—. Mira, ¿por qué no vienes a mi oficina un momento? Creo que tenemos que hablar.

Mientras caminaban, el director le puso la mano en el hombro.

—Tu abuelo me explicó un poco más las cosas que te han pasado y quiero que sepas que todos aquí en la escuela te apoyamos. Pero no es eso lo que te quería decir... —aclaró.

Se sentaron en las mismas sillas que esa mañana, pero ahora el rostro del Sr. Karenza tenía una expresión diferente. Parecía más bueno.

—Creo que esta mañana me precipité —dijo—. No escuché tu explicación y te debo una disculpa.

Jamie asintió. No tenía idea de dónde venía esto.

—Desde que te fuiste, he hablado con algunas personas y he tomado un par de decisiones. Tyler Forbes quiere dejar su lugar en el equipo para que tú lo vuelvas a tomar. Drake Staunton sugirió que, para este partido, tú seas nuestro capitán. Coincido con ellos. ¿Qué te parece?

Jamie miró fijamente al director. Después se pellizcó el brazo para asegurarse de que no estuviera soñando. La misma persona que le había prohibido jugar en el equipo de la escuela ahora lo quería de vuelta. ¡Y como capitán!

—Entonces, ¿estoy de nuevo en el equipo? —preguntó Jamie. Necesitaba confirmar que esto era real.

—Sí —dijo el Sr. Karenza—. Y sé que no me vas a defraudar. Ahora ve por tus cosas, no queremos llegar tarde.

Se estrecharon la mano, y Jamie se dirigió hacia la puerta mitad aturdido y mitad extático. Estaba de nuevo en el equipo, listo para el mayor partido de su vida, pero tenía mil preguntas en la mente. ¿Cómo había pasado todo esto? Estaba feliz con la noticia, pero no tenía sentido por ningún lado.

—Sr. Karenza... —empezó a decir Jamie mientras abría la puerta para salir de la oficina. Se lo tenía que preguntar. No necesitaba que lo ayudaran por lástima—. ¿Exactamente qué le dijo mi abuelo por teléfono que lo hizo ponerme de nuevo en el equipo?

—No —dijo el director—, no tiene nada que ver con mi conversación con tu abuelo. Fueron los chicos, Drake y Tyler, los que vinieron y me contaron lo que pasó el viernes. Dijeron que no podía castigarte a ti por algo que era culpa de ellos.

—¿De verdad? —dijo Jamie—. Bueno...

Sacudió la cabeza y se fue.

Hoy habían pasado demasiadas cosas raras.

13

El agente Johnson

—Diviértete en el partido —dijo Hugo Bogson mientras Jamie esperaba para subir al autobús—. Haznos sentir orgullosos.

—Lo haré —respondió Jamie sonriendo.

Supuso que ese era el final de la conversación, pero Hugo seguía ahí, meciéndose ansioso de un lado a otro. Obviamente, todavía tenía algo que decirle a Jamie.

—Les tuve que decir quién eres, Jamie —le dijo—. Fue la única manera. Pero no te preocupes. No van a revelar tu identidad.

—¿Qué? —dijo Jamie—. ¿De qué estás hablando?

—Era la única manera de que te volvieran a poner en el equipo.

—Hugo, ya dime de qué estás hablando, por favor —exigió Jamie. Esta conversación lo frustraba y el autobús estaba a punto de partir hacia Stonecroft.

—¡Shhh! —dijo Hugo—. Vas a llamar la atención...

Empujó a Jamie hacia un costado y empezó a susurrar.

—Cuando el director les dijo a todos que te habían sacado del equipo porque habías aventado el huevo, fui y no me anduve por las ramas con Drake y Tyler. Les dije que se estaban metiendo con el tipo equivocado, que trabajas para la CIA.

»Primero, no me creyeron. Pero les dije que lo pensaran y siguieran las pistas. Un chico estadounidense aparece en Inglaterra salido de la nada. Sin explicaciones. No habla de su vida. No menciona a su familia. Nadie estuvo nunca en su casa. Obviamente tiene entrenamiento en artes marciales... ¿Qué otra explicación podría haber? Es obvio que está aquí en una misión para la CIA. ¿Y a este chico lo quieren tener de enemigo?

»Se pusieron blancos como el papel. Los tendrías que haber visto. Fueron corriendo a la dirección y confesaron exactamente lo que pasó el viernes. Hasta reconocieron que se habían robado la miel y los huevos. Y le rogaron al director que por favor te pusiera de nuevo en el equipo y que fueras el capitán.

—¡Eso es una locura! —exclamó Jamie—. Bueno, eh... Gracias igual, Hugo.

Este chico era increíble. ¿Realmente se creía esa fantasía de la CIA?

—No —dijo Hugo, tocándose el costado de la nariz y sonriendo—, gracias a *ti*. Como te dije, Drake y Tyler no le van a decir nada a nadie. Ya saben lo que les pasará si lo hacen. Tu secreto está bien guardado, agente Johnson. La misión continúa.

Jamie sacudió la cabeza. Era demasiado.

—Ah —dijo Hugo cuando Jamie subía al autobús del equipo—, ¿me harías un favor?

—Claro —dijo Jamie. Como quiera que lo viera, se lo debía a Hugo.

—La próxima vez que veas al presidente, ¿le mandarías saludos de mi parte?

14

Sudor y sangre

—Ya falta poco —anunció el Sr. Karenza, mientras el maltrecho autobús de Wheatlands trepaba con esfuerzo por una larga calle privada. Unos árboles altos y elegantes flanqueaban el camino hacia una enorme mansión que se asomaba a la distancia.

El recorrido a través de la ciudad para los chicos de la Escuela Primaria Wheatlands apenas había sido de diez minutos, pero en ese rato, Jamie había visto emerger una forma de vida diferente.

Las calles en las que vivía e iba a la escuela eran angostas y lucían abarrotadas. Todas las casas eran oscuras y viejas, y habían sido construidas tan pegadas que a Jamie le parecía que se apoyaban unas en otras, como protegiéndose del frío.

Al mirar por la ventana, Jamie observó que las casas eran cada vez más grandes, las calles eran más anchas y el pasto era más verde.

Ahora, mientras oía el crujir de la grava bajo las ruedas del autobús, Jamie se concentró en el edificio al que se dirigían. Sabía que debía ser la Escuela Stonecroft.

Absorbió cada detalle: las enormes columnas blancas que parecían sostener la mansión gigantesca y las ventanas altas con arcos que tentaban a espiar en su interior. Cada elemento del edificio, incluidas las palabras en latín talladas a mano en la piedra, parecía inmaculado. Digno de un rey.

Jamie se quedó con la boca abierta. Esto no era una escuela, ni siquiera una mansión. Era un palacio.

El Sr. Karenza detuvo el autobús y bajó. Cerca de ahí, había un jardinero plantando unas flores bellísimas en lo que parecían ser unos canteros de foto de revista.

El Sr. Karenza le estrechó la mano como si fueran viejos amigos mientras los chicos de Wheatlands bajaban del autobús y entraban a este mundo diferente. Jamie estaba convencido de que en cualquier momento aparecería un miembro de la realeza británica.

Hasta el estacionamiento era digno de admiración. ¡Estaba lleno de los coches más caros y flamantes que Jamie había visto en su vida! En particular, un Rolls Royce recién salido de la fábrica le había llamado la atención, con todo y chofer al volante. Jamie se imaginaba que esos coches les pertenecían a los padres ricos que sin duda habían venido hoy a ver jugar a sus hijos.

Por un segundo, Jamie pensó en su mamá y en su vieja cafetera estacionada frente a su casa, inmóvil. Hacía semanas que el coche no andaba, pero no tenían dinero para arreglarlo. ¿Acaso eso lo hacía valer menos comparado con los chicos de Stonecroft, con sus Rolls Royce con chofer?

—Bueno, ya tenemos que irnos —dijo Alex Crawford, empujando a Jamie con el codo mientras se bajaba del autobús. Se le notaban la emoción y la determinación en el rostro—. Nos vemos después del partido —le sonrió—. ¡Y más vale que cumplas tu parte del trato!

—¡Ni lo dudes! —contestó Jamie.

Como capitanes, habían hecho un pacto: cada uno haría todo lo humanamente posible por asegurarse de que *ambos* volvieran a subirse a ese autobús como ganadores.

—Sudor y sangre —había dicho Alex—. Cueste lo que cueste.

—Cueste lo que cueste —repitió Jamie. Le gustaba el estilo de esta chica.

Lo único que Jamie no le había dicho a Alex, porque quería que fuera una sorpresa, era que hoy esperaba hacer algo muy especial, algo que no se esperaba que ningún chico de diez años hiciera en la cancha.

Hoy, Jamie esperaba ganar el partido con un gol de chilena. Desde que había visto los videos la noche anterior, no había dejado de visualizarse anotando ese gol increíble. Sabía que podía. Sabía que podía hacer que la gente se incorporara y lo viera.

Los delirios de la CIA de Hugo Bogson eran obviamente disparatados, pero Hugo tenía toda la razón en una cosa: Jamie Johnson *tenía* una misión. Pero no tenía nada que ver con la CIA. Era mucho más importante. Tenía la misión de iniciar su carrera en el futbol.

15

Controlar a la bestia

—Hola, bienvenido a Stonecroft —dijo un jugador rival, mientras Jamie trotaba por el campo.

El chico era enorme y Jamie nunca había visto a un niño tan corpulento. Parecía más jugador de rugby, una especie de versión inglesa antigua del futbol americano, que de futbol.

—Me llamo Sebastián Forde —continuó el gigante, con buenos modales, estrechándole la mano a Jamie—. Mira, se me acaba de salir un lente de contacto. ¿Me podrías ayudar a buscarlo?

—Claro —dijo Jamie, sorprendido por lo amable que era este Sebastián. De camino al partido, Alex le había advertido que algunos chicos de Stonecroft eran taimados, pero la amabilidad de este Sebastián parecía genuina. Tal vez estos chicos ricos no eran tan malos. A lo mejor Jamie hasta se podría hacer amigo de algunos... ¡y dar una vuelta en el Rolls Royce de los padres!

Jamie se agachó y empezó a buscar el lente de contacto en el pasto. Era muy bueno para encontrar cosas, así que estaba seguro de que podría ayudar a Sebastián a encontrarlo.

—Por cierto, me llamo Jamie —dijo, mirando desde abajo a Sebastián, quien por alguna razón no estaba buscando el lente—. Si te preguntas por mi acento, soy estadouni...

¡Pum! Sebastián Forde le dio tal patadón en el trasero, que Jamie quedó tumbado de espaldas.

—¿Por qué hiciste eso? —gritó Jamie. El patadón le dolió mucho—. Te estaba tratando de ayu...

—¡Ni siquiera uso lentes de contacto, imbécil! —Sebastián se estaba muriendo de risa—. ¡Y esta es solo la primera vez que te voy a patear hoy!

—Pero ¿qué te pasa? —dijo Jamie levantándose. Miró a su alrededor buscando apoyo, pero todos sus compañeros ya estaban preparándose en el vestuario.

—¡Qué te pasa a ti! —gritó Sebastián, mirándolo maliciosamente—. Ah, ¿ya estás levantado? ¡No me había dado cuenta! ¿Por qué eres tan pequeño? ¿Tu papá es enano?

—¡No te metas con mi papá! —masculló Jamie—. ¡No sabes nada de él!

Estaba muy enojado. Su enojo era como una bestia que exigía que la sacaran de la jaula, pero se las arregló para controlarse. Hoy era el capitán del equipo. No podía defraudar a todos los que contaban con él.

—¡Ja, ja! ¡Debo haber metido el dedo en la llaga! —se rio Sebastián, caminando hacia los vestuarios—. ¡Salúdame al enano de tu papá! Nos vemos en la cancha.

Jamie lo observó alejarse.

«Ten **por seguro** que me vas a ver en la cancha», dijo para sí. «Y me las pagarás.»

16

Saque inicial

Jamie estaba de pie en el centro de la impecable cancha de futbol de Stonecroft y observó al árbitro llevarse el silbato a los labios.

La cancha, el entorno, todo era perfecto. Esa cancha era apta para una final del Mundial y era un lujo para un partido escolar de futbol infantil.

Jamie respiró hondo y contuvo la respiración. Al clavarle la vista a Sebastián Forde, sintió que se le aceleraba el pulso y como si un chorro de adrenalina le quemara las venas.

Por un segundo, Jamie sintió la presencia de Mike. Se imaginó lo que Mike le estaría diciendo si estuviera ahí: «Confía en tu instinto. Confía en tu talento. Muéstrales quién eres».

Jamie asintió y dio un salto.

Entonces el árbitro hizo sonar el silbato.

El partido había comenzado.

* * * *

STONECROFT 1 : 1 WHEATLANDS

A. SHAH, 7   K. TALBOT, 16

30 MIN DE JUEGO

Solo habían jugado treinta minutos, pero Jamie lo tuvo que reconocer: este ya era el partido más difícil que había jugado.

Desde que había llegado a Inglaterra y entrado al equipo de Wheatlands, habían ganado todos los partidos que habían disputado. Por lo general, Jamie solo tenía que encender su computadora de futbol y, en diez minutos, ya habría anotado cuatro goles y prácticamente habría ganado el partido para su equipo. Con él como extremo y con el veloz delantero de la escuela, Kane Talbot, en el ataque, liquidaban a la mayoría de los rivales.

Sin embargo, hoy era diferente. Hoy, Wheatlands estaba enfrentando a un equipo que era casi tan bueno como ellos, si es que no mejor. Stonecroft era grande y fuerte, y estaba bien organizado. Tenían un par de jugadores que podían patear desde gran distancia y tres o cuatro más que podían hacer pases rápidos con mucha destreza. Iba a ser difícil que no terminaran empatados, y todos lo sabían.

Stonecroft les sacó ventaja desde el comienzo, cuando el delantero dejó atrás a toda la defensa de Wheatlands y colocó el balón hábilmente por encima del portero con un tiro alto.

Todos los aficionados de Stonecroft —maestros, padres, hermanos— celebraron el gol con locura, al mejor estilo inglés.

—¡Ay, chaval! ¡Cómo flipa! —gritaban, ondeando las bufandas por encima de la cabeza.

¡Ha molao! —aclamaban con sus acentos esnobs.

Jamie jamás había escuchado algunas de estas palabras.

Pero Wheatlands, como todo buen equipo, fue rápido en responder. Jamie regateó ante cuatro jugadores y se lo pasó a Kane Talbot, quien igualó el marcador con su tiro característico: curvando el balón y metiéndolo en la esquina superior.

El director saltaba de la alegría.

—¡Qué tiro! —gritaba agitando el puño en el aire—. ¡Bella maniobra, Kane! ¡Impresionantes regates, Jamie! ¡Vamos, anotemos otro gol!

Parecía que ganar el partido significaba mucho tanto para el director como para los jugadores.

Aunque a partir de ese momento, el partido estuvo mucho más parejo.

Hasta a Jamie le estaba costando lucirse. Sebastián Forde se interponía.

Lo marcaba en cualquier lugar de la cancha, y si no le intentaba robar el balón con entradas bruscas peligrosas, lo provocaba e incitaba con las cosas que le decía. Era como si realmente odiara a Jamie, a pesar de que esta era la primera vez que se veían.

—Eh, yanqui, ¿de dónde sacaste esos zapatos? ¿De la tienda de caridad? ¿Los zapatos buenos de verdad son muy caros? —Forde esbozó una sonrisita de superioridad mientras dejaba atrás a Jamie, corriendo hacia la portería de Wheatlands. ¿No sabía que los defensores debían quedarse atrás?

Jamie todavía no había reaccionado a ninguna de las burlas de Sebastián. Tenía que tener paciencia. Sabía que ya llegaría su oportunidad. Y entonces le enseñaría a Sebastián lo que era talento de verdad. Le mostraría que la técnica era muchísimo más potente que la fuerza bru...

De repente, el balón rebotó hacia Sebastián, y este estaba a apenas 35 yardas de la portería de Wheatlands. El muchacho se impulsó hacia delante, controlando el balón firmemente con el pecho. Le rebotó por encima de la cabeza y, al caer, de la nada Sebastián descargó un tremendo tiro de volea con la izquierda en dirección a la portería. Fue un tiro impresionante... ¡y dio en el blanco!

Jamie no soportó mirarlo. En cuanto le pegó al balón, su computadora de futbol le indicó que era un gol.

Salió disparado como un cohete directo a la esquina superior.

Sebastián Forde, el defensor bruto, tonto y grandote, acababa de anotar un golazo increíble él solo. Y lo sabía...

STONECROFT 2 : 1 WHEATLANDS

A. SHAH, 7   K. TALBOT, 16
S. FORDE, 31

—¡Vamos! —gritaba Sebastián, colorado por el triunfo. Había corrido hasta la bandera de la esquina y la había sacado de la cancha de una patada.

—¡¿Y qué les parece eso?! —les rugió a los jugadores de Wheatlands—. ¡Esta es nuestra cancha! ¡A ver si nos respetan!

17

Programado para jugar

STONECROFT 2 : 1 WHEATLANDS

A. SHAH, 7   K. TALBOT, 16
S. FORDE, 31

34 MIN DE JUEGO

Wheatlands iba perdiendo.

Jamie odiaba perder, en todo. No importaba en qué, si jugando a las cartas, juegos de mesa o juegos de computadora. Cuando le decían que lo importante era jugar, no ganar o perder, Jamie los miraba como si estuvieran locos.

Jamie tenía que ganar siempre, con cualquier cosa. Perder le despertaba una furia en su interior que solo se calmaba con un triunfo, demostrando que era el mejor.

En ese momento, al recibir un rebote, supo qué era lo que tenía que demostrar. Sabía que era hora de actuar.

Recibió el balón y corrió.

Con el balón a sus pies, la mente de Jamie eliminaba al instante todas las cosas que la atiborraban normalmente. Todo se disolvió: los pensamientos sobre su casa, su mamá, su papá. Corriendo por la banda, el cerebro de Jamie estaba limpio y libre. Libre para el futbol. Programado para jugar. Listo para anotar.

Jamie encendió la velocidad turbo y salió disparado hacia delante como una pantera.

Pasó a toda velocidad a tres jugadores y se dirigía al corazón de la defensa de Stonecroft cuando Sebastián Forde lo cortó con una violenta falta.

Jamie cayó, pero no tardó en levantarse.

Ahora tenía exactamente lo que quería: un tiro libre.

* * * *

Jamie estaba de pie justo frente al balón. Dio tres pasos hacia atrás, se irguió lo más que pudo y sacó el pecho. Respiró hondo dos o tres veces mientras pensaba exactamente qué quería hacer con este tiro libre.

Estaba bastante lejos, a 22 yardas de la portería, así que sabía que necesitaba potencia y viraje más que efecto y precisión.

Tenía la mirada clavada en el balón. Estaba pensando en Luiz Rodriguez. Rodriguez era un extremo portugués que hacía los mejores tiros libres del mundo.

Cuando había visto videos de tiros libres de Luiz Rodriguez en YouTube, Jamie notó que nunca terminaba el movimiento completo. Rodriguez estampaba el zapato con fuerza al patear la pelota, pero entonces, apenas había hecho contacto, regresaba el pie al suelo. La forma en que pateaba hacía que el balón se moviera de una manera que ninguna otra técnica podía replicar.

Ahora Jamie tenía la oportunidad de probarla.

Respiró hondo y con determinación una vez más y dio tres potentes zancadas hacia el balón. Y entonces lo pateó con toda la fuerza de su cuerpo.

Todos los jugadores y hasta el árbitro quedaron hipnotizados por el movimiento de la pelota en el aire. La vieron arquearse hacia la meta.

¡Pim! ¡Pegó en el poste derecho, a media altura! Ahora giraba con fuerza por la línea de meta. ¿Iba a entrar? ¿O iba a...? ¡Pam!

Pegó en el otro poste y rebotó hacia fuera.

Al comienzo, los jugadores no reaccionaron. Estaban tan confundidos por el balón que había rebotado en los dos postes pero no había entrado que no se podían mover. Todos los jugadores menos, claro, Kane Talbot.

Como todo delantero de primer nivel, Kane era un depredador natural. Su instinto para el ataque reaccionó apenas el balón tocó el primer poste, esperando ansioso para saltar ante un rebote. Buscó el balón con celeridad y fluidez, y lo encontró en el instante justo para aprovechar el chance de un golpe de cerca potente y rápido.

STONECROFT 2 : 2 WHEATLANDS

A. SHAH, 7   **K. TALBOT, 16, 39**
S. FORDE, 31

Aunque en el marcador aparecía el nombre de Talbot, Jamie celebró con orgullo este triunfo levantando los brazos por encima de la cabeza. Sabía lo importante que había sido este tiro libre para el gol. Y no era el único.

De repente, Jamie sintió que lo levantaban en el aire.

—¡Qué tiro libre! —gritaba Drake Staunton. Drake y Jamie empezaron a gritar el increíble gol y Drake levantó a Jamie cuatro pies por encima del piso.

Después, al recuperar la compostura, se miraron por un segundo, claramente avergonzados por haberse dado un abrazo después de haber sido archienemigos por tres meses.

Esta era una batalla crucial, y hoy pertenecían a la misma tribu.

18

La hora de la verdad

STONECROFT 2 : 2 WHEATLANDS

A. SHAH, 7   K. TALBOT, 16, 39
S. FORDE, 31

40 MIN DE JUEGO

Al partido le quedaban unos diez minutos, y ambos equipos estaban intentando ganar. La gloria estaba al alcance de cualquiera que anotara el gol final.

Jamie estaba desesperado por ver su nombre en el marcador y ganar el partido para Wheatlands. Sentía que todavía tenía que lucirse en este partido.

Pero a medida que pasaban los minutos, era Stonecroft la que parecía cada vez más cerca de anotar.

Ahora tenían un tiro de esquina.

—Todos adelante —ordenó Sebastián Forde a sus compañeros de Stonecroft—. No se preocupen por el enano feo estadounidense, ¡yo me encargo!

¡¿Feo?! Jamie realmente odiaba a este chico. Si tan solo pudiera tener la pelota, sabía que podría destrozar a Sebastián. Pero ahora, la acción estaba en el otro lado de la cancha.

Cuando el tiro de esquina entró como un latigazo al área, Drake Staunton y uno de los jugadores de Stonecroft saltaron para recibirlo. Era un forcejeo muy parejo y, aunque el jugador de Stonecroft fue el primero que hizo contacto con el balón, se dieron un tremendo cabezazo. Sonó como dos cocos que chocaban.

Jamie vio que el jugador de Stonecroft se desplomó. Parecía estar muy mal, ni siquiera había usado los brazos para amortiguar la caída, pero ahora el balón iba directo hacia Jamie...

Como todos estaban concentrados en el tiro de esquina, de repente Wheatlands había logrado una escapada de dos contra uno. Jamie Johnson y Kane Talbot corrían a toda velocidad hacia la portería, y el único obstáculo era Sebastián Forde.

Jamie sabía que ese era el momento. Era hora de mostrar todo su talento.

Con el balón a sus pies, Jamie estaba listo para encarar a Sebastián.

Se lanzó hacia delante, a toda velocidad, recortando a derecha e izquierda, siempre controlando el balón.

Le había cambiado la suerte: ahora era Jamie el que provocaba a Sebastián. Su ritmo y control tenían hipnotizado al defensor enorme.

Jamie cambiaba de dirección constantemente, y cada vez lograba esquivar las embestidas de Sebastián. Era como un jabón mojado que se le escapaba todo el tiempo a Sebastián.

Entonces, al ganar un poco más de espacio, Jamie levantó la vista y le hizo un pase rápido a Kane Talbot en el extremo derecho antes de salir disparado hacia el área de penal. Ahora Sebastián estaba superado en número y rodeado al mismo tiempo. No sabía hacia dónde ir.

—¡Pásamelo a mí, Kane! —pidió Jamie desde su posición en el segundo poste—. ¡Estoy solo!

Kane Talbot deslizó rápidamente el pie por debajo del balón y pateó un fabuloso centro destinado a aterrizar justo delante de Jamie.

Jamie vio el balón flotar por el aire hacia él.

Su computadora de futbol se encendió. Sentía un hormigueo en los pies por la energía y la anticipación. Este era su momento, el momento que se había imaginado tanto y para el que se había estado preparando. Era hora de revelar su talento.

—¡Va a hacer un gol de chilena! —gritaban sus compañeros. Reconocieron la manera en que estaba posicionando el cuerpo para intentar la jugada más espectacular del futbol.

Sin embargo, mientras sus compañeros gritaban a todo pulmón, los sentidos futboleros de Jamie habían detectado que algo no estaba del todo bien en la cancha. El público de Stonecroft en la banda de repente quedó en silencio.

De hecho, ni siquiera estaban viendo el partido. Estaban señalando para el otro lado, hacia el área de penal de Wheatlands. Se veían preocupados. El jugador de Stonecroft que había intentado recibir el tiro de esquina con la cabeza todavía estaba en el suelo. Estaba inconsciente.

El balón todavía estaba en el aire. Jamie estaba concentrado y confiado. Sabía lo que tenía que hacer. Saltó muy alto y, en lugar de intentar la patada de chilena, atrapó el balón con ambas manos.

Recordó algo importante de cuando jugaba para su equipo en Maine: aprendieron mucho de los riesgos de la conmoción cerebral y las lesiones gravísimas que podían producirse si no se atendía de inmediato.

Se dio cuenta de que su oponente no estaba nada bien por la manera en que él y Drake habían chocado de cabeza, lo que debió haber sido muy doloroso. Sin importar lo que estuviera en juego, ese chico necesitaba atención médica, incluso aunque eso quisiera decir que Jamie debía dejar pasar su chance de anotar el gol ganador.

—¡Hay que parar el partido! —gritó con todas sus fuerzas—. ¡Ese chico necesita ayuda!

19

Un gesto de grandeza

STONECROFT 2 : 2 WHEATLANDS

A. SHAH, 7   K. TALBOT, 16, 39
S. FORDE, 31

MARCADOR FINAL

El partido terminó empatado. Jamie había abandonado la oportunidad de anotar el gol ganador. Había tenido la gloria al alcance de la mano. Una sola patada, una espectacular patada de chilena, y él habría ganado el partido. Hasta podría haber salido en el periódico. Podría haber sido descubierto por un equipo de la Premier League.

Pero él no podía hacer eso, no con ese chico tan mal. En cuanto detuvo el partido, el entrenador de Stonecroft corrió a la cancha seguido por un hombre de traje que parecía preocupado. Corrieron hacia el chico caído y lo pusieron de costado de inmediato para que volviera a respirar.

Mientras Jamie se bañaba, se vestía y se dirigía de vuelta al autobús de Wheatlands para volver a casa, pensaba en cómo reaccionaría Alex cuando le contara todo esto. Después de todo, no estaba volviendo al autobús como ganador. Mientras caminaba, Jamie sintió una presencia imponente detrás de él. Tensó los músculos del abdomen y se preparó para un conflicto. Si era Sebastián Forde...

—Mi hijo y yo estamos en deuda contigo... Eres Jamie, ¿verdad?

Jamie levantó la vista. Era el hombre de traje que había entrado corriendo a la cancha con el entrenador de Stonecroft para ayudar al niño lesionado.

—No es nada —dijo Jamie—. ¿Está bien? Parecía grave.

—Ollie está bien —el hombre sonrió. Tenía el abrigo más lindo que Jamie había visto—. Gracias a ti. Estaba noqueado y la lengua le bloqueaba las vías respiratorias. Si no hubieras hecho lo que hiciste, si no hubiéramos llegado tan rápido... bueno, no quiero ni pensarlo. ¿Cómo puedo agradecértelo?

—Está bien —dijo Jamie—. Hay cosas más importantes que el futbol. Me alegro de que esté bien.

—No, en serio. Fue un verdadero gesto de grandeza eso que hiciste —agregó el hombre mientras se subía al coche. Era el Rolls Royce que Jamie había visto antes—. Créeme, ya se me ocurrirá algo.

Jamie, anonadado, no le quitaba la vista al coche.

—Un segundo —dijo el hombre mientras volvía a bajarse del auto—. Me llamó la atención tu acento. ¿Eres de Estados Unidos?

—Pues sí —Jamie sonreía orgulloso.

—Fantástico. ¿Y cuál es tu equipo de futbol favorito de aquí, Jamie?

—Hawkstone United —contestó Jamie—. ¡Siempre!

Esperaba que dijeras eso —asintió el hombre—. ¿Dónde planeas ver mañana el partido de la copa de la FA?

—Voy a ir a la casa de mi abuelo para verlo por televisión. Él también es fanático.

—Sí, podrías —continuó el hombre—, o podrías venir a la cancha a ver el partido con tu familia y amigos como mis invitados. ¿Te gustaría ser el capitán júnior de Hawkstone del partido, Jamie?

Jamie se veía sorprendido. Sabía que el capitán júnior conoce al equipo, visita los vestuarios y que quizás hasta puede conseguir algunos autógrafos y patear un poco el balón con algunos jugadores. Pero todo estaba pasando demasiado rápido.

—Disculpa —dijo el hombre, sonriendo—, no he sido muy cortés. Me debería haber presentado. Me llamo Tony, Tony Walsh. Soy el dueño de Hawkstone United.

MARTES

20

Más que orgulloso

Jamie examinó la imagen que le devolvía el espejo. Este era el rostro que 40 000 personas verían en la cancha esa noche.

¿Acaso era feo, como decía ese chico Sebastián?

Su mamá siempre le había dicho que era guapo y que las chicas harían fila para salir con él, cuando él quisiera. Pero bueno, era su mamá, no podía decir otra cosa.

En Estados Unidos, la gente le decía que se parecía a su papá y, cuando era pequeño, estaba orgulloso de eso. Pero ahora le daba vergüenza. Ahora sería mejor si no tuviera papá. Y aun así, al mismo tiempo, no había un solo día en que Jamie no pensara en él, en que no intentara imaginarse cómo se las estaba arreglando en la cárcel.

Todavía no podía entender qué había llevado a su papá a hacer lo que hizo. No es que necesitaran más dinero, estaban bien económicamente. ¿Por qué tuvo que arriesgarse así y destruir a su familia, solo por unos cuantos mugrosos dólares más?

Jamie empezó a sentir una opresión en el pecho a medida que el enojo comenzaba a acumularse. Pero no. No iba a permitir que los problemas del pasado le arruinaran el presente. Eso era antes, no ahora. Ahora, las cosas eran distintas. Hoy era un día especial.

Las últimas 24 horas habían sido increíbles. En cuanto Jamie se hubo subido al autobús de Wheatlands, el director se puso de pie y dio un breve discurso.

—Lo que probablemente ninguno de ustedes sepa es que Stonecroft era mi escuela, yo estudié en Stonecroft —reveló—. El único motivo por el que acepté este puesto, la única razón por la que trabajo en Wheatlands es porque quiero demostrar que el dinero no es lo único importante. Podemos formar excelentes personas en nuestra escuela sin ser tan pudientes como ellos. Y lo que Jamie Johnson hizo hoy, el nivel de inteligencia y espíritu deportivo que demostró, bueno... estoy más que orgulloso de ti, Jamie. Gracias.

Después, cuando el Sr. Karenza explicó que en agradecimiento a Jamie, Tony Walsh había invitado a todo el grado a ir a la cancha a ver el partido de Hawkstone al día siguiente, todo el autobús se volvió loco.

Alex Crawford, que había conducido al equipo de las niñas a una espectacular victoria dos a cero, hasta le dio a Jamie un beso en la mejilla. El único problema fue que todos empezaron a molestar a Jamie por eso y estaba todo colorado de la vergüenza.

Las últimas 24 horas habían sido maravillosas y ahora, al mirarse de nuevo en el espejo, su reflejo le devolvió una sonrisa. Habían sido varias semanas difíciles, varios meses difíciles. Casi había olvidado cómo era su sonrisa.

—¡¿Tenemos a un capitán júnior de Hawkstone en la casa?! —gritó alguien de repente desde abajo.

Jamie sonrió al reconocer la voz de Mike retumbando por la casa.

—Vamos, J. J., ¡es hora de salir a la cancha!

«*J. J.*...» Jamie repetía el apodo en voz baja. Era la primera vez que le decían así. J. J. por Jamie Johnson. «*Sí*», pensó asintiendo. Le gustaba cómo sonaba.

Mike ya estaba henchido de orgullo cuando vio a Jamie asomarse por las escaleras, con el uniforme completo de Hawkstone puesto.

—Guau —dijo Mike—. ¡Te ves perfecto! Me parece que ya es hora de ir al estadio.

21

Sigue tus sueños

Tony Walsh envió un coche especial que llegó puntual para llevar a Jamie, a su mamá y a Mike al estadio. Entretanto, el Sr. Karenza llevaría al resto del grado en el viejo autobús escolar.

El coche había dejado a Jamie y a su familia justo frente a la entrada del estadio. Una señora muy linda estaba esperándolos para llevar a Jamie al túnel junto a la cancha desde donde saldría con los jugadores. Luego su nombre sería anunciado ante la multitud por el presentador del estadio. Jamie se despidió de su mamá y de Mike con un abrazo para cada uno y les prometió saludarlos desde la cancha.

Ahora, mientras esperaba en el túnel a que los jugadores de Hawkstone salieran del vestuario, una sensación de incredulidad se apoderó de Jamie. ¿Realmente estaba aquí? ¿En este estadio? ¿En un club de futbol de la Premier League?

—Hola, amigo —dijo el capitán de Hawkstone, Diego Medina, que fue el primero en salir del vestuario. Le estrechó la mano a Jamie y luego dijo—: ¿Cómo te llamas? Yo soy Diego.

Jamie casi lanzó una carcajada. Ya sabía quién era Diego Medina. Lo había visto jugar hacía tres días, y eso había despertado en él el sueño de ser estrella del futbol. Y ahora, aquí estaba hablando nada menos que con Diego Medina, ¡en la vida real!

—Me llamo Jamie —respondió tímidamente—, Jamie Johnson.

—Un placer conocerte, Jamie. Oye, ese acento me suena.

—Sí, yo también soy de Estados Unidos —dijo Jamie sonriendo, tratando de mantenerse lo más tranquilo que podía dadas las circunstancias—. Y cuando sea grande, quiero jugar al futbol profesionalmente, como tú.

Diego Medina se rio y despeinó a Jamie. —Felicidades, niño —sonrió—. ¡Sigue tus sueños!

Entonces el árbitro, que era calvo pero tenía las piernas muy peludas, caminó hasta el frente de la línea y saludó con un apretón de manos a los dos capitanes. Las sonrisas se esfumaron y aparecieron expresiones serias. Estos eran hombres rudos. Eran los líderes de sus tribus.

—Bueno, muchachos, ¡ahí vamos! —rugió Diego Medina, golpeando la pared.

Después Diego tomó a Jamie de la mano y caminaron hasta la salida del túnel que se abría sobre el campo de batalla.

Con cada paso, el rugido de la multitud se acercaba y se oía cada vez más fuerte.

Al salir a la cancha, una marea de ruido inundó los oídos de Jamie.

Para él, esto era lo único que estaba pasando en el mundo en ese momento. Parecía que todo el planeta estaba ahí, todos gritando como locos, ¡esperando que comenzara la batalla!

Había cámaras, comentaristas y 40 000 personas, todos prestando atención al lugar donde se encontraba Jamie. Y aun así, pensó Jamie mientras tomaba un balón por el camino, él no estaba para nada nervioso. Las pruebas de matemáticas lo ponían nervioso; el futbol, no.

Al dar los primeros pasos en la cancha de Hawkstone, la mente le repetía sin parar unas palabras.

Este pensamiento parecía venir de cada célula de su cuerpo: «*Aquí pertenezco... Aquí es donde tengo que estar*».

Hasta hace apenas unos días, Jamie habría dado cualquier cosa por volver a su vida anterior en Estados Unidos, pero ahora, estaba aquí, en Inglaterra, sintiéndose como una estrella de futbol.

No existía ningún otro lugar en el sistema solar donde quisiera estar.

22

El tiempo se detiene

—¡Jamie! ¡Es hora de arrojar la moneda! —gritó Diego Medina.

¡Se acordaba del nombre de Jamie! ¡Diego Medina de verdad se acordaba del nombre de Jamie!

Mientras caminaban hacia el círculo central para lanzar la moneda con el equipo rival, Jamie vio la mirada de acero de Diego, que parecía decir que no se detendría ante nada para ganar. Pensó en todos los retos que este hombre debía haber superado. Había llegado a Inglaterra desde Estados Unidos siendo un total desconocido y aquí estaba ahora, triunfando en uno de los mayores escenarios del futbol: la Premier League.

Decisión, trabajo arduo, sacrificio. Eran solo palabras, conceptos, pero Jamie tendría que guiarse por ellos todos los días si de verdad quería emular los logros de Diego.

—Muy bien —dijo el presentador del estadio, ubicándose entre Jamie y Diego—. ¿Quieres intentar el gol ahora, pequeño?

—¡Más vale! —dijo Jamie, siguiendo al presentador, que ya se dirigía medio caminando y medio corriendo hacia el área de penal.

—O. K. —dijo el presentador, tomando el micrófono y mirando el reloj—. Solo una patadita y después te sacamos del campo así dejamos jugar a los profesionales.

El presentador carraspeó, se acomodó el pelo y luego se dirigió a la multitud.

—¡Muy buenas tardes a todos! —dijo con su mejor voz de animador, y sus palabras resonaron por todo el estadio—. El capitán júnior de Hawkstone de esta tarde es este niño que se llama Jonny Johnson y ¡ha venido nada menos que desde Estados Unidos! ¡Mostrémosle nuestro apoyo mientras intenta patear un gol!

El presentador se movió un poco hacia la izquierda, dejando muy poco espacio para que Jamie se alineara para patear.

Jamie quería corregirlo, ¡porque lo anunció como Jonny y no Jamie! Sin embargo, se dio cuenta de que probablemente al presentador no le importaba mucho. ¿Quién era Jamie para él? Tan solo el capitán júnior de esta semana.

Jamie respiró muy hondo y soltó el aire. Miró el balón. Luego miró al portero que le estaba sonriendo, golpeando las palmas de las manos. Por lo general, cuando el capitán júnior intentaba patear un gol, era un intento pobre y débil, apenas con fuerza suficiente para llegar a la línea de meta. El portero muchas veces solo dejaba que la pelota entrara para darle al niño un momento especial de placer, para que pudiera decir que había anotado un gol frente a todo ese público.

Pero no era esto lo que quería Jamie. Él quería anotar un gol por derecho propio. Quería que el balón llegara a la red porque de verdad había vencido al portero, no porque este lo hubiera dejado entrar.

Jamie miró fijamente el balón. Estaba descansando justo al borde del área, inmóvil, como pidiendo que lo patearan.

Los ojos de Jamie iban y venían entre el balón y la esquina superior de la red. Ignoró el hecho de que el presentador estaba prácticamente en medio. Jamie bloqueó de la mente la imagen y los sonidos de todos los que estaban en la cancha. En ese momento, no estaba pensando en su familia ni en sus compañeros de la escuela, que estaban ahí, siguiendo cada uno de sus movimientos.

Estaba él solo con el balón.

Dio tres pasos largos y deliberados hacia atrás, relajó el cuello girando la cabeza de un lado a otro, y bajó los hombros para aflojar la parte superior del cuerpo.

Se irguió lo más que pudo y sacó todo el aire del pecho con un soplido. Esa era su preparación de rutina para los tiros libres. Ahora había llegado el momento del elemento maestro crucial: la patada.

Dio tres pasos rápidos hacia el balón. Movió la pierna hacia atrás con una agresividad potente y controlada. La lanzó hacia delante a máxima velocidad... ¡y se pateó la otra pierna! Se dio un tremendo patadón muy doloroso que lo hizo trastabillar y terminó desparramado en el piso. Ni siquiera había tocado el balón.

Le dolía el pecho de la vergüenza y golpeó el piso con el puño de la frustración.

Ni siquiera se podía levantar porque los zapatos se le habían enredado en el cable del micrófono del presentador. Los tacos se le debieron haber enganchado en el cable cuando lanzó la patada en el momento crucial.

—¡Ay, qué pena! —dijo el presentador, apurado por desenredar el cable y ayudando a Jamie a ponerse de pie mientras le hablaba al público—. Bueno, ya está. No importa —continuó—. Me parece que tenemos que recordar que el futbol es un deporte relativamente nuevo en Estados Unidos. El pequeño Jonny hizo lo que pudo. ¡Igual démosle un gran aplauso!

Hubo un par de aplausos de solidaridad y también bastantes risas por lo bajo mientras los aficionados sacudían la cabeza. La mayoría estaban felices de no haber sido ellos los que tropezaron frente a 40 000 personas.

Lo cierto era que toda esa gente ahora probablemente pensaba que el pequeño *Jonny Johnson* nunca había pateado un balón en su vida.

23

Vete al diablo

—¡Eh! ¡No es justo! —reclamó Jamie, jalando del brazo al presentador—. ¡Tropecé porque dejó el cable muy cerca del balón! ¡Déjeme probar de nuevo!

—No hay tiempo, pequeño —dijo el presentador mirando de nuevo el reloj—. El partido está por comenzar.

—¡Por favor! —le rogó Jamie—. ¡Solo tomará un segundo! Esta vez será un gol, ¡solo míreme!

—¡¿No me escuchaste?! —saltó el presentador—. ¡Te dije que **NO**!

Jamie dio un paso hacia atrás. Sacudió la cabeza.

El balón todavía estaba en el borde del área de penal, rogando que lo patearan. Pero Jamie ya no tenía más tiempo. Se volvió hacia el túnel, maldiciendo su suerte. No podía ni mirar a su familia ni a los niños de la escuela, mucho menos saludarlos. Todos habían presenciado este desastre.

Nunca lo iba a poder superar.

—Niño malcriado, como todos los estadounidenses... —farfulló el presentador entre dientes.

Al escuchar esto, Jamie se detuvo en seco. ¿Por qué el presentador tenía que decir algo así? Eso lo terminó de enojar. Ahora estaba furioso.

«*Vete al diablo*», dijo Jamie para sus adentros, mientras se daba vuelta lentamente. «Este es **mi** *tiempo*.»

Jamie le lanzó una mirada asesina al presentador y caminó directo hacia el balón, que estaba en el borde del área, y con un movimiento rápido, lo levantó en el aire.

—¡Eh! —gritó el presentador—. ¿Qué estás haciendo? ¡Te dije que salieras de la cancha!

Jamie lo ignoró. Era hora de mostrarle a este tipo quién era Jamie Johnson. Era hora de encender la computadora de futbol. Se centró en el balón mientras caía, controlándolo perfectamente con el pecho, y lo volvió a lanzar hacia arriba...

Usando toda la concentración de la que era capaz, Jamie procesó la altura, la potencia, la trayectoria, la velocidad y el ángulo requeridos para enviar el balón por encima de su cabeza y dispararlo como un cañonazo hacia la portería. Entonces, en el milisegundo exacto, dio un salto y despegó el cuerpo del suelo para encontrar al balón en el aire y ejecutar la maniobra.

Acostado completamente en el aire, Jamie impulsó el pie por encima de la cabeza con una fuerza brutal.

El contacto fue limpio y potente, firme y preciso. Mientras Jamie iba cayendo, ni siquiera tuvo que mirar hacia la portería. La computadora ya estaba analizando la dirección y la precisión de su tiro. Eran del 100 %. Un gol de chilena totalmente cargado.

El balón cruzó el cielo de Hawkstone como un misil. Silbaba mientras se acercaba a la meta. El portero, un atleta profesional de primer nivel, primero hizo un intento de atajarlo, pero lo abortó de inmediato.

El tiro era demasiado rápido. Demasiado potente. Demasiado bueno.

El portero se quedó ahí, hipnotizado, mientras el balón volaba directo a la esquina superior de la red. Entonces, justo antes de que la gravedad lo afectara, el balón flotó solo por un instante en el sector más preciado de la portería, casi como si quisiera que todos lo vieran.

Ese fue un momento de genio futbolístico puro.

Y lo había logrado un chico de Estados Unidos llamado Jamie Johnson.

Una nueva sensación

La pelota cayó al suelo, rebotó una vez y se ubicó al fondo de la red.

Por un momento pareció haber un completo silencio.

Luego, surgió el sonido de una persona aplaudiendo sola.

Era Diego Medina.

Aplaudía fuerte y con orgullo. Iba caminando hacia Jamie, sacudiendo la cabeza.

—Oye —le dijo, ofreciéndole chocar el puño como señal de respeto—. Tú sí que tienes talento, chico. Tal vez te vuelva a ver por aquí en algunos años. Sigue tus sueños, Jamie.

Mientras caminaba hacia el centro de la cancha para el saque inicial de este gran partido de Hawkstone, Diego Medina seguía aplaudiendo. Excepto que ahora no era el único.

El aplauso de la multitud empezó lentamente, primero solo unos chicos de la escuela y su maestro, que no cabía en sí del orgullo, pero pronto se propagó por todo el estadio como un incendio...

—Pues... pues bien, eh, digo... —dijo el presentador al público—. Creo que nuestro capitán júnior sí se merece unos cuantos aplausos...

Pero los fanes ya se le habían adelantado. A esta altura todo el estadio estaba aplaudiendo a Jamie, y la pantalla gigante mostraba una y otra vez el impresionante gol de chilena desde distintos ángulos, uno más increíble que el otro.

—Se llama Jamie Johnson, por cierto —dijo el presentador, por fin correctamente—. Recuerden ese nombre.

—*¡Uuun Jamie Johnson!* —coreaban los fanes de Hawkstone, y su canto reverberaba en todo el estadio—. *¡Hay solo uuun Jamie Johnson!*

Jamie sentía que el pecho le explotaba de orgullo. Le encantaba la sensación de que lo aclamara tanta gente. No quería que se acabara. Esto era lo que quería para el resto de su vida. Se dio vuelta y saludó al público en todas direcciones.

En una esquina, arriba, vio a todo su grado de pie, aplaudiendo y saludándolo, con Alex y Hugo a la cabeza. Jamie les sonrió y les devolvió el saludo. Veía lo orgullosos que estaban de él. Se daba cuenta de que ahora lo aceptaban como a uno más. Misión cumplida, como diría Hugo Bogson.

Entonces Jamie vio a su abuelo. Sabía cuánto significaba para Mike ver a su nieto ahí en la misma cancha de

Hawkstone en la que una vez jugó, jugando para el club que todavía amaba.

Ahora Jamie entendía de dónde venía la computadora de futbol. Era un regalo de su abuelo. Jamie le hizo un saludo estilo militar a Mike, quien apretó el puño y le devolvió una sonrisa gigante. No eran abuelo y nieto. Eran amigos. Y juntos estaban a punto de comenzar un viaje futbolístico épico.

Por último, Jamie vio a su mamá. Ella no la había estado pasando nada bien. Jamie sabía que todavía lloraba de noche, pero ahora, al saludarlo, le pareció que sus lágrimas eran de alegría. Jamie le sonrió y le devolvió el saludo. Se estaba empezando a dar cuenta de que si los dos permanecían juntos, al final, todo estaría bien. Mientras se tuvieran el uno al otro, no importaba en qué país vivieran, siempre se sentirían en casa.

Cuando la ovación se volvió más fuerte, con cada fan bramando su nombre, Jamie dio un enorme salto en el aire y lanzó un puñetazo al cielo. Él tampoco la había estado pasando muy bien, pero ahora era feliz. Era libre. Estaba donde tenía que estar.

Y la verdad era que, si bien estos aficionados estaban totalmente asombrados con la destreza de Jamie Johnson, todavía no habían visto nada.

Este chico había nacido para jugar al futbol, y pronto le mostraría al mundo lo que podía hacer.

Agradecimientos

Quisiera agradecer enormemente a Tim Gentles y a Kevin Clark por su incansable apoyo todo este tiempo. Y también quisiera agradecer a todos los que ayudaron en algún momento: Jason Cox, William Major Bolitho, Lola Cashman, Vicky Toubian, Caitlin Krieck, Jennifer Ferguson, Evonne DeNome, Samantha Selby-Smith, Jason Sisneros, Dave Baldwin, George Baldwin, Hayley Katz, Chris Gerstle, Alex Stone, Matt Moran, Arnaldo Hase, Pedro Badur, Paulo Sivieri, Hazel Ruscoe, Andy Downer, Adina Popa, Loudoun County Public Schools, Brad Friedel, Gary Blumberg, Ben Levey, Cliff McCrath, Anson Dorrance, Erin Layne, Sari Rose, John O'Sullivan, Jeanie Foreman, Brett Rhodes, Adam Barnard, The British International School of New York, Toby Moynihan, Scott Debson, Remy Cherin, Corey Sinser, United Soccer Coaches, Gasch Printing, Phil Abbott, Jennon Bell Hoffman, Cecelia Powell, Bob Kawabe, Sasha Wilson, Elliott Moore, Phillip Glyn, Kristin Thrower.

Su inspiración y apoyo han sido invaluables.

LAS CINCO PREGUNTAS MÁS FRECUENTES
a Dan Freedman

1. **¿Qué se siente al escribir sobre un niño que quiere ser estrella de futbol?**

   Fantástico. En algún momento, hasta los mejores jugadores del mundo fueron niños locos por el futbol que jugaban en la escuela. Así que todos nos sentimos un poco identificados con el sueño de Jamie de llegar a la cima.

2. **¿Recibes muchas cartas de los lectores?**

   Sí, y con el sitio web, el correo electrónico, las cartas y las redes sociales, hay muchas maneras en que los fanáticos de Jamie Johnson se pueden poner en contacto conmigo. Siempre me aseguro de contestar. Siendo escritor, uno pasa mucho tiempo a solas escribiendo, así que siempre es muy lindo saber de las personas que leyeron los libros. ¡Hace que valga la pena el trabajo duro! Una vez, recibí un correo electrónico de un maestro de una escuela en el Himalaya. Eso demuestra el poder que tienen los libros y las historias.

3. **¿Cuál fue el mejor gol que has visto?**

   Ciertamente fue el de Marco van Basten con la patada de chilena en el partido del Ajax contra el Den Bosch en 1986. ¡Véanlo!

4. ¿Cuál fue el mejor partido que viste en vivo?

Tuve la suerte de presenciar el partido por los cuartos de final de la Copa Mundial en Japón, en 2002, Brasil contra Inglaterra. Y después, volvimos a casa en el avión a Londres con todo el plantel inglés. Nunca lo olvidaré...

5. ¿Qué es lo que más te gusta acerca de escribir sobre Jamie Johnson? ¿En quién se basa el personaje?

Lo que más me gusta es que me puedo sentar a fantasear sobre futbol. ¡Ese es mi trabajo! El personaje de Jamie también me intriga mucho. Siempre digo que con Jamie uno nunca sabe qué va a pasar. ¿Se va a dar vuelta y hacer una jugada sensacional metiendo un gol desde 35 yardas? ¿O va a perder los estribos y hacer algo de lo que después se arrepentirá, y lo sacarán de la cancha? Los personajes así te hacen adivinar qué harán después, y eso es genial para los lectores y para el autor. Jamie se basa un poco en mí (tenemos bastante en común) y un poco en los fabulosos jugadores que tuve la suerte de conocer. Tomé un poco de cada uno de ellos, agregué eso a mi personalidad y mis experiencias, y el resultado es Jamie Johnson. Básicamente, creo que es el tipo de jugador que me encantaría ver jugar en un partido.

Lee los primeros capítulos de

La Serie de Jamie Johnson
Disponible en www.jamiejohnson.soccer

En el estadio de Hawkstone United se está llevando a cabo una conferencia de prensa. Un hombre bien vestido avanza por el pasillo hasta la sala. Hay muchos fotógrafos y periodistas, y todos están ahí para escucharlo. El hombre se sienta a la mesa y carraspea. Sabe bien lo que está por decir. Estuvo preparando su discurso toda la noche, pero se estuvo preparando para este momento toda la vida. Acerca el micrófono y comienza a hablar.

—Les quiero decir que es un gran honor para mí estar dirigiendo un equipo de la Premier League y, en particular, estar aquí en Hawkstone United —comienza. Tiene una voz calmada, clara y confiada—. Este es un sueño hecho realidad para mí.

¿Por qué te crees tan especial?

Martes 29 de abril

—¡Jamie Johnson! —gritó el Sr. Pratley, con su espantoso aliento a café calentándole la cara a Jamie como si fuera una secadora de pelo hedionda.

Agarró la formación de Hawkstone United que Jamie había garabateado en una hoja con sus jugadores favoritos y, por supuesto, con J. Johnson como el 11, el extremo izquierdo.

No era la primera vez que lo pescaban jugando al futbol de fantasía en clase en vez de prestar atención. Cuando se trataba de futbol, el cerebro de Jamie era como una potente computadora, calculando equipos, ángulos, tiros y pases… Pero cuando se trataba de escuchar a Pratley, la atención de Jamie parecía desconectarse apenas el maestro empezaba a hablar. Y eso lo enfurecía.

—¿Tienes la más remota idea de cuántos chicos han pasado por esta escuela diciendo que iban a ser futbolistas profesionales cuando fueran grandes? Cientos... ¡Miles!

El Sr. Pratley empezó a romper la hoja en pedacitos como si quisiera triturarla. Cuanto más despedazaba la hoja, más colorado se ponía y más se le salían los ojos.

Jamie no contestó. No podía. Le estaba costando muchísimo no estallar en carcajadas. No podía despegar los ojos del gigantesco moco verde que colgaba casi listo para soltarse de la fosa nasal de Pratley. Era una hermosura: húmedo y pegajoso, pero lo suficientemente espeso para sacárselo con el dedo y hacerlo una bolita.

—Y de esos miles de chicos —continuó Pratley, ahora ya todo colorado hasta la lustrosa calva— que iban a ser TODOS futbolistas profesionales, que se creían TODOS superdotados para el futbol, igual que tú, sin duda... ¿tienes idea de cuántos lo lograron? ¿Cuántos juegan profesionalmente hoy?

Jamie sacudió la cabeza. Notó que cuanto más se enfurecía Pratley y más gritaba, más se bamboleaba el moco. Era como si bailara al ritmo de la furia del maestro.

Caminó hasta el frente del aula y tiró los restos de la hoja de Jamie a la basura. Luego se volvió y se acercó a Jamie con pasos grandes y ruidosos.

Al tenerlo más cerca, Jamie tenía una mejor vista del moco. Ahora estaba haciendo algo increíble. Cuando Pratley exhalaba, el moco se salía más, como si saludara al mundo. Y cuando inhalaba, se escondía un poquito como subiendo por dentro de la nariz. Parecía que estaba atado con un cordel invisible.

—¡¡Ninguno!! —ladró—. ¡Ni uno solo de esos chicos logró ser futbolista profesional! Así que quiero que tú me digas por qué crees que no eres como ellos.

Jamie miró a su mejor amiga, Alexandra —mejor dicho Alex, como le dicen todos— pidiéndole ayuda. Ella dijo que no con la cabeza. *«No le contestes»* parecía decir con la mirada. Y tenía razón. Esto pasaba siempre entre Jamie y el Sr. Pratley.

Por alguna razón, Jamie tenía la habilidad de exasperar al maestro más que ningún otro niño de la escuela. Por lo general los demás chicos pensaban que era muy gracioso, pero hoy habían entrado en una zona peligrosa: si Jamie decía una sola palabra más, Pratley explotaba.

Por supuesto, Jamie podría decir un montón de cosas, podría explicarle mil razones por las que creía que un día sería futbolista profesional…

De lejos, él era el mejor jugador de la escuela y había heredado todo el talento de su abuelo, quien, de no haber sido por la lesión, fácilmente podría haber sido uno de los mejores jugadores de la historia de Hawkstone. Jamie entrenaba y practicaba todos los días porque no solo quería jugar profesionalmente, sino también ser uno de los mejores jugadores del mundo.

Pero no dijo nada. Alex tenía razón. Los dos sabían que cuando Jamie se defendía, Pratley se enojaba todavía más.

Lo mejor que podía hacer Jamie ahora era no decir nada. Nada de nada.

Así que solo se encogió de hombros y se quedó callado.

—¡Contéstame, Johnson! —aullaba Pratley—. ¡O te dejo aquí encerrado en penitencia por todo el almuerzo! ¿Por qué te crees tan especial? ¿Qué te hace creer que tienes algo que ninguno de los otros chicos tuvo?

Ahora Jamie tenía la cara de Pratley a dos dedos de la suya. El moco estaba justo a la altura de los ojos de Jamie. Entraba y salía de la nariz totalmente sincronizado con los arranques de ira de Pratley.

Por el rabillo del ojo, Jamie vio que Alex se daba vuelta. El cuerpo le temblaba tratando de contenerse. Ella también había visto el moco y se estaba riendo en silencio.

Y Jamie se la veía venir. La risa le subía por la garganta desde los pulmones hasta la boca como un río incontenible. No se la iba a poder seguir aguantando mucho más.

—¡Por última vez, Johnson! ¿Por qué te crees mejor que cualquiera de ellos?

—No s-ssé… —dijo por fin Jamie tartamudeando. La risa le estaba por salir a borbotones. Y pensó que ya que igual se iba a meter en problemas, mejor hacer que valiera la pena.

—¡¿**Qué mocazo**, no?!

2

El día decisivo

—¡Mañana nos enteramos! —gritó Alex al sacar a Jamie de la cafetería tomándolo por la camisa.

—¿De qué? —preguntó él. Se reía mientras ella lo arrastraba así hasta el auditorio.

—¡MAÑANA! —repitió ella, poniéndole en la cara la hoja que anunciaba el día en que se decidiría su destino, que estaba en el tablero de la pared.

PARTIDO DE FUTBOL

Maestros contra Alumnos de Sexto

· · · · · · · · · · ·

¡La fecha de este partido ya está confirmada!

Se anunciarán los detalles mañana
en la reunión de profesores y alumnos.

Jamie se quedó mirándola.

La nota era sobre el partido de futbol que había estado esperando todo el año, entre los maestros de la Escuela Primaria Wheatlands y los alumnos de sexto grado. Cuando Jamie se mudó a Inglaterra hacía poco más de un año, pensó que era raro que al empezar la secundaria tuvieran que cambiarse de escuela.

Pero ahora que estaba en sexto, en la cima de la cadena alimentaria de Wheatlands, sabía que este partido iba a ser importantísimo, tal vez el más importante de toda su vida.

Jamie y Alex se detuvieron a contemplar el trofeo de futbol de la escuela. Como un tesoro, sus destellos lo resaltaban dentro de la vitrina especial donde lo exhibían en el auditorio. Permanecía ahí todo el año hasta que, el día del partido, el director Karenza lo sacaba de la vitrina y se lo entregaba al capitán ganador para que lo levantara triunfante.

Alex, que iba a Wheatlands desde primer grado, había agasajado a Jamie con historias de terror sobre los partidos de los chicos de sexto grado, que siempre habían perdido vergonzosamente contra los maestros. Aunque Alex ya desde cuarto grado era la mejor portera de la escuela, solo podía mirar desde las gradas a los maestros llevarse el trofeo año tras año, sin poder hacer nada.

Sin embargo, este año Jamie y Alex estaban en sexto. Esta era su chance de jugar y arreglar las cosas, y por fin pagarles a los maestros con la misma moneda.

Se habían prometido que, en este partido, las cosas iban a ser distintas, que este sería su año.

Aunque con solo mirar la placa de madera que tenía grabados los resultados de los partidos anteriores se daban cuenta de lo difícil que iba a ser esta tarea.

También tenía el nombre del maestro que sería su mayor obstáculo.

RESULTADOS DE LOS PARTIDOS
Maestros contra Alumnos de Sexto

Maestros	Alumnos	Capitán ganador
Maestros 11–8 Alumnos		Capitán ganador: C. Pratley
Maestros 6–4 Alumnos		Capitán ganador: C. Pratley
Maestros 4–4 Alumnos		Partido abandonado
Maestros 8–1 Alumnos		Capitán ganador: C. Pratley
Maestros 7–3 Alumnos		Capitán ganador: C. Pratley
Maestros 5–2 Alumnos		Capitán ganador: C. Pratley
Maestros 9–6 Alumnos		Capitán ganador: C. Pratley
Maestros 5–3 Alumnos		Capitán ganador: C. Pratley
Maestros 7–6 Alumnos		Capitán ganador: C. Pratley
Maestros 6–4 Alumnos		Capitán ganador: C. Pratley
Maestros	Alumnos	Capitán ganador:

3

10 000 horas

—Vamos —dijo Alex—, dilo ya.

Estaba volviendo a casa después de clases con Jamie, como todos los días, pateando entre ambos por la calle una lata de refresco.

Jamie sacudió la cabeza y se quedó mirando sus piernas pálidas que se movían junto a las piernas morenas de Alex. Siempre había querido tener una piel como la de ella. La suya era blanca pálida y nunca jamás se bronceaba. Si se ponía al sol aunque fuera un rato, se ponía colorado y se quemaba todo, mientras que la piel de Alex se veía perfecta todo el año.

Alex seguía intentando hacerlo hablar, pero Jamie miró para otro lado y sacudió la cabeza de nuevo. A veces no tenía ganas de hablar. Ni siquiera con Alex.

—Mira —continuó ella—, siempre al final me lo dices, ¿así que por qué no nos saltamos este silencio incómodo y pasamos a la parte en la que hablas?

Jamie la miró desconcertado. Alex lo sorprendía e impresionaba todo el tiempo. Siempre, desde el día en que se conocieron, ella fue una de las pocas personas entre sus compañeros de clase que se había molestado por conocer de verdad a Jamie cuando él empezó a ir a Wheatlands después de mudarse desde Estados Unidos.

La conexión fue instantánea y se volvieron muy unidos. Jamie se sentía fuera de lugar en la nueva escuela y el nuevo país y, aunque se veía igual que la mayoría de los otros niños, no hablaba para nada como ellos. Hasta algunas palabras eran diferentes. En ese momento, tanto Alex como él traían puestos unos tenis, pero aquí en Inglaterra les decían zapatillas.

Alex siempre pareció querer ayudar a Jamie a adaptarse, desde el comienzo. Ella contaba que su abuelo siempre le había explicado que cuando él había emigrado a Inglaterra desde Antigua cuando era joven, eran las personas que habían sido buenas con él y le habían mostrado cómo eran las cosas a quienes nunca había olvidado.

—Yo te voy a mostrar todo —le había dicho a Jamie el primer día de clases, mirándolo con esos misteriosos ojos verdes acastañados a través de las rastas color chocolate. Jamie se había dado cuenta en el acto de que esta chica era especial y, cuando descubrió que también le encantaba el futbol, bueno, ahí supo que estaba perdido. Todos los días practicaban juntos, Jamie atacando y Alex parando goles. Ella era una magnífica portera y se desafiaban mutuamente a alcanzar el nivel más alto posible.

Alex no era solamente una compañera con quien podía patear una pelota después de clases. Era su primera amiga de verdad en Inglaterra. De alguna manera, Jamie se sentía cómodo con Alex en todo momento. Muchas veces sentía que ella lo conocía mejor que él mismo.

—Es eso que Pratley dijo hoy —empezó a decir Jamie—, que no soy distinto de los demás niños que querían ser futbolistas profesionales y no lo lograron. Ya sé que me reí y todo, pero no me lo puedo sacar de la cabeza.

—No sigues pensando en eso, ¿o sí? —dijo Alex—. Que sea maestro no quiere decir que lo sepa todo. Mi papá siempre dice que los que hacen las reglas no son mejores que los demás.

—Sí —dijo Jamie—, pero ¿y si Pratley tiene razón? ¿Y si de verdad no soy mejor que los demás?

—Y entonces, ¿qué harás al respecto? —contestó ella en el acto.

—¿Qué? —preguntó Jamie. La brusquedad de Alex lo había dejado estupefacto y le erró a la lata cuando ella se la pateó.

—Pues bien, tienes dos opciones: puedes seguir preocupado por eso, pensando que no eres mejor que los demás o, si de verdad sueñas con ser futbolista profesional, puedes empezar a hacer algo para llegar ahí, algo que te dé una ventaja.

Jamie le sonrió. Alex era la persona más inteligente que conocía, pero él no entendía nada de lo que le estaba diciendo.

—¿Cuántas horas dijo tu abuelo Mike que tienes que practicar si quieres jugar al futbol profesionalmente? —preguntó ella.

—Diez mil —respondió Jamie. Ese era uno de los muchos consejos que Mike le había dado durante el último año. Mike había dicho que los jugadores más importantes solo jugaban así porque habían practicado mucho desde que eran muy pequeños.

Diez mil horas parecía muchísimo, pero para Jamie, cada segundo que pasaba jugando al futbol era felicidad pura.

—Bueno —dijo Alex, lanzando la lata al aire—. Entonces, ¡vayamos al parque y practiquemos!

Y con esas palabras, hizo volar la lata hasta el otro lado de la calle con una curva perfecta que la dejó dentro de un basurero.

Jamie sentía que podía respirar mejor. Todavía le dolían y le preocupaban los comentarios de Pratley, pero, al mismo tiempo, el apoyo de Alex siempre ayudaba.

Jamie era un extremo izquierdo rápido y enérgico, y Alex era una portera atlética y brava. Juntos hacían buen equipo, lo que era una gran suerte porque sabían que si iban a tener el menor chance de ganarles a los maestros y reclamar el reluciente trofeo a fin de año, iban a tener que formar el mejor equipo de alumnos de la historia de la Escuela Primaria Wheatlands.

Si quieres que otras personas se enteren sobre este libro, por favor considera dedicar unos minutos para escribir una reseña en Amazon, Goodreads o donde lo hayas comprado.

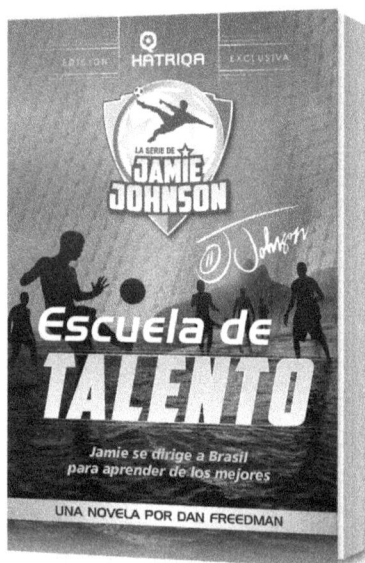

Aprende inglés con Jamie Johnson

Jamie Johnson ahora es la estrella de una serie de libros creados para ayudarte a aprender inglés.

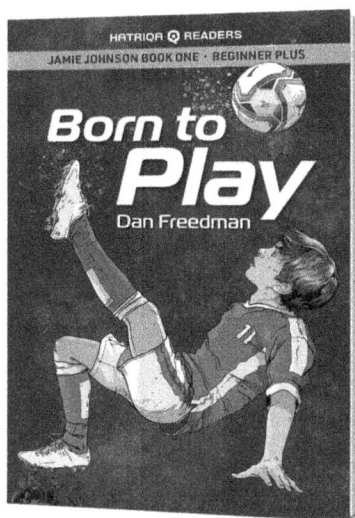

HATRIQA Readers son versiones en inglés de las aventuras de Jamie Johnson redactadas con un lenguaje sencillo para que sean fáciles y rápidas de leer.

Leer por placer es una fantástica forma de mejorar tu dominio del idioma. Te ayuda a pensar como hablante nativo de inglés, ya que incorporarás palabras y expresiones naturalmente al leer.

HATRIQA READERS
Ama el fútbol, aprende inglés

Compra tu libro en **www.hatriqa.com**

*9 7 8 1 7 3 8 4 5 2 4 8 4 *